전원이 스스로 참가-사고-성취 하는

수업의 방법-기술

한 형 식

교육과학사

머리말

누구나 다 걱정하고 있는 일입니다마는, 우리나라 수업의 크나큰 걱정거리의 하나는 거의 모든 수업이 수업의 결과로 제대로 학습한 어린이들(이하 A군(群))과 학습을 제대로 하지 못한 어린이들(이하 B군)의 양군(兩群)으로 분열되는 현상입니다.

필자는 이 현상을 'A・B 양군화(兩群化) 현상'이라고 부르고 있습니다마는 필자가 참관한 거의 모든 학급에서 이 현상을 볼 수 있어, 감히 걱정하는 말을 하고 있습니다.

그런데 이 이야기를 들은 선생님들이 하는 말씀이 더욱 걱정스러움을 금할 수 없습니다.

요즈음은 그동안 금지되었던 공개수업이 이루어지고 있는데, 어떤 일인지 전에는 하였었던 수업 후의 협의회를 하지 않으니까 참관자들은 수업이 끝나면 모두 흩어져 버리지만, 명색이 수업기술을 연구한다는 사람도 그러할 수 없어 홀로 남아서 수업하신 선생님과 짧은 휴식 시간을 이용하여 한 가지만 이야기 나누고 있습니다.

다름 아닌 어느 수업에서나 볼 수 있으며, 그 수업에서도 보았던 이른바 A·B 양군화 현상에 관하여 걱정하는 이야기를 합니다.

그러면 수업자들은 약속이나 한 것처럼 거의 같은 반응을 하는 데 놀라지 않을 수가 없습니다.

거의 모든 선생님들이 약속이나 한 것처럼 다음과 같은 요지의 말을 하기 때문입니다.

'인간의 능력에는 개인차가 있어서 나타나는 현상이므로 피할 수 없는 필요악적인 현상'이라는 요지의 말을 합니다.

어떤 선생님은 칠판에 정상분포곡선을 그려놓고 분필로 칠판을 톡톡 치면서, 마치 '당신은 이것도 모르느냐?'는 듯 흥분하여 말하기도 합니다.

시간 관계로 더 이상 이야기하지 못한 채 헤어지곤 합니다마는, 그때마다 뒷입맛이 여간 쓰질 않습니다.

외람된 말씀입니다마는 저희 연구소에서는 우리 수업이 안아 오고 있는 이 A·B 양군화 현상을 극복하는 방법을 오랫동안 찾아오고 있습니다.

그 과정에서 '이것이닷!'이라고 생각되는, 그래서 실시한 바 있는 많은 검증 수업에서 그 효과가 검증된 수업의 방법을 여기에 정리해 보았습니다.

세상에 쉬운 일이 없지만, A・B 양군으로 분열되지 아니하는 수업의 기술도 찾기 어려운 일이라는 것을 연구하면 할수록 깊이 느끼곤 하였습니다.

우리가 직면하고 있는 이 문제의 해결에 작은 불씨라도 되었으면 하는 소망으로 쓴 이 글이 소망대로 작은 불씨가 되었으면 큰 다행이겠습니다.

끝으로 이 책을 만들어 내는 과정에서, 힘 드는 일이 있을 때마다 제백사하고 도와주신 광주송원초등학교 안병상 교감선생님께 망감의 감사를 올립니다.

감사합니다.

2025년 7월 20일

한 형 식

차 례

IV. 발문 / 117

I

1951년의 수업과 2025년의 수업 이야기

1. 필자에 관한 이야기

필자는 1951년 8월에 오늘의 교육대학교의 전신인 사범학교를 졸업하여, 초등학교 교사로 임명되었으며, 1995년에 65세로 정년 퇴임하였다.

퇴임 후 오늘까지는 그동안 하여온 '수업 기술'의 연구를 한답시고 수업의 현장에서 살아오고 있다.

아시는 바와 같이 수업 기술을 연구하는 사람은 전국에서 고루 표집한 되도록 많은 학교의 수업을 참관하여야 하며, 자신도 많은 실험 수업을 하여야 하는데 필자도 그러느라 퇴임 후에도 수업 현장을 떠날 수 없어, 끊임없이 현장을 드나들며 살아오고 있다.

그렇게 살아오느라 필자는 1951년 이후 오늘에 이르기까지의 75년간의 우리나라의 초등교육, 특히 수업에 관하여 조금은 알고 있는 편이다.

우리나라가 일제로부터 해방되어 우리 교육을 시작한 1945년 8월부터 필자가 교사가 된 1951년까지 6년간의 우리나라의 초등 교육의 사정은 문헌을 통해서밖엔 알 수 없지만, 그 후부터 오늘에 이르기까지의 76년간의 우리나라의 초등 교육의 역사는 그동안 직간접으로 참여하였기 때문에 그 대강을 알고 있다.

필자가 여기에서 이런 말을 하는 것은 본론으로 들어가기 전에 1951년 당시의 수업과 2025년 오늘의 수업을 비교하여 보고 싶어서이다.

2. 1951년의 수업 이야기

1951년은 아시는 바와 같이 6.25 전쟁이 일어난 다음 해이며, 필자가 초등학교의 교사로 발령을 받았던 해이다.

필자가 발령을 받고 학교에 가 보니, 학교의 건물은 전쟁으로 인하여 모두 불타 버리고 주춧돌만 남아 있었다.

그런 상황 속에서도 수업은 이루어졌었다.

수업 도구로는 교사들이 동네에서 얻어온 판자 조각을 이어 붙여서 만든 이름뿐인 조그만 칠판이 전부이었다.

학급당 60여 명씩인 어린이들은 운동장 주변의 큰 나무 그늘 밑의 땅바닥에 앉아서 무릎을 책상 삼아 학습하였었다.

그렇게 수업을 하고 있노라면 앞산 뒷산에서 기관총 소리, 포탄 터지는 소리가 들려오곤 하였었다.

아시는 바와 같이 6.25 전쟁은 전후방이 따로 없었으며, 높은 산이 있는 곳이면 전쟁이 벌어지곤 하였기 때문이었다.

이 이야기를 들으신 선생님들께선 '그런 상황에서 이루어진 수업이니…….' 하고 생각하실는지 모르지만, 그런 상황 속에서 이루어진 수업을 교사들은 옆에서 보는 사람이 감탄하지 않을 수 없도록 정성을 다하여, 진력하여 수업하였으며, 함께 하고 있는 필자도 고마운 생각을 하지 않을 수 없었다.

그렇게 이루어진 수업이었지만, 수업의 결과는 소수의 제대로 학습한 어린이들(이하에서는 이와 같이 학습을 제대로 한 어린이들을 A군〈群〉이라고 약칭함), 제대로 학습하지 못한 다수의 어린이들(이하에서는 이와 같이 학습을 제대로 하지 못한 어린이들을 B군이라고 약칭함)을 낳은 A・B 양군화(兩群化) 현상을 낳았었다.

이상은 6.25 전쟁 중이었던 1951년의 초등학교의 수업 모습이었다.

3. 2025년 오늘의 수업 이야기

여기에서는 2025년 오늘의 수업을 살펴보고자 한다.

무엇보다도 교사가 제대로 수업하고, 어린이들이 제대로 학습하기 위해서는 필요 불가결한 여러 조건, 곧 인적・물리적・재정적・제도적 등 제 조건이 도시・

농산어촌의 차별 없이 똑같은 수준으로 필요한 모든 것이 거의 완전하게 갖추어져 있다.

그런 상황하에서 수업하고 있는 오늘 현장의 선생님들이 걱정하는 말을 들어 보면 학습을 제대로 한 어린이들과 제대로 하지 못한 어린이들의 양군화 현상이 어디에나 있다는 것이다.

필자도 실험 수업 과정을 통해서 겪은 바에 의하여 그런 실정을 잘 알고 있지만, 어쨌든 걱정스러운 일이 아닐 수 없는 현실이 있는 것이다.

그래서 당국에서는 이른바 학습 부진아에 대한 지도를 담임교사에게 수당을 주면서까지 실시하고 있는 것이 오늘의 실정이다.

요즈음 현장에서는 당국의 수업 방법 개선책의 일환으로 반갑게도 그동안 중지되어 온 바 있는 공개수업이 이루어지고 있어, 필자는 그 수업을 거의 빠짐없이 참관하고 있다.

그 수업을 참관할 때마다 필자는 지적 장애가 없는 보통의 어린이들 전원이 참가하고, 사고하며, 제대로 학습을 성취하는 수업으로 이루어지기를 간절히 소망하며 참관한다.

그러나 그 모든 수업은 똑같이 거수하는 우수한 어린이들, 곧 A군들을 대상으로 그들이 잘 배우는 방법으로 이루어지고 있으며, 그 밖의 어린이들은 그렇게 이루어지고 있는 수업을 지켜보고 있거나 각자 나름의 일을 하고 있는 것이다.

그러니까 수업에 참가하는 어린이들, 곧 A군(群)들과 참가하지 않는, 아니 참가할 수 없는 어린이들, 곧 B군들의 양군으로 분열되고 있는 것이 오늘의 일반적인 수업의 현상인 것이다.

다시 말하면 전원이 참가하고, 전원이 사고하며, 전원이 성취하여야 하는 수업이 A・B 양군으로 분열되는 그런 수업으로, 말 그대로 아무런 탈 없이 이루어져 오고 있는 것이다.

되풀이되지만 거수하는 일부의 우수한 어린이들을 대상으로 하는 수업이 이루어져 오고 있다.

교사들이 손수 만든 이름뿐인 칠판을 나무에 걸어놓고 60여 명의 어린이들을 땅바닥에 앉혀놓고 이루어졌었던 수업과, 수업의 필수 조건들이 넘치도록 갖추어진 조건 하의 오늘의 수업이 거의 똑같은 비율의 A·B 양군을 낳고 있는 이 현실을 어떻게 생각할 것인가, 그리고 그것을 어떻게 극복할 것인가를 다음에서 생각하여 보고자 한다.

Ⅱ 수업의 최종 목표와 현행 수업의 문제점

1. 수업의 최종 목표

우리 앞에 있는 어린이들은 1학년을 기준으로 생각하면 약 20년 후, 이 나라 역사의 주역으로서 활동하게 된다.

다시 말하면 이들은 흔히 말하여지고 있는 제4차 산업혁명 시대의 한복판에서 삶을 영위하게 되는 주인공들이다.

들은 바에 의하면 그 시대는 힘의 논리만이 지배하는, 곧 정글과 같이 힘 있는 자만이 살아남는 무한 경쟁 시대일 것이라고 말하여지고 있다.

이러므로 오늘의 수업은 그 시대를 살아 나갈 수

있는 삶의 능력을 길러야 함을 알 수 있다.

그 시대를 넘어지지 아니하고, 어쩌다 넘어졌다 하더라도 오뚝이처럼 벌떡벌떡 일어설 수 있는 능력을 길러야 함을 알 수 있다.

오늘날 그 능력을 사고력, 전이가 높은 지식, 탐구력으로 말하고, 이것을 통틀어 넓은 의미의 사고력이라고 말하고 있다.

도야마 시게히코 교수(外山滋比古, 「考える頭」のつくり方, PHP文庫, 2-18, p.61)는 "인류는 이제 지식의 시대에서 사고의 시대로의 전환기에 있다."고 말하고 있다.

요컨대 현전 어린이들은 그들의 시대를 살아갈 때 부딪히게 되는 크고 작은 문제를 해결하기 위해서는 예리하고 풍부한 문제 해결력, 곧 사고력을 지니고 있어야 한다.

이래서 오늘날 사고력과 문제해결력은 동의어로 사용되고 있는 것 같다.

오늘 수업의 최종 목표를 사고력이라고 말하는 소이가 여기에 있는 것으로 생각된다.

2. 현행 수업의 문제점

우리 수업의 금일적 일대 문제점은 거의 모든 학급에서 수업의 결과로 지적 장애가 없는 보통의 어린이들이 학습을 제대로 한 어린이 군(群)과 학습을 불완전하게 하거나 실패하는 어린이 군(群)의 양군으로 분열되는 현상이라고 생각한다.

이 현상은 지난 80여 년 동안 이어 온 우리 교육의 일대 치부이며 문제점이다.

현행 교육과정과 그에 준거하여 마련된 교과서는 지적 장애가 없으면 누구나 제대로 학습할 수 있도록, 80여 년간 전문가들에 의하여 갈고 다듬어진 것이다.

그러므로 A・B 양군으로의 분열의 요인을 교육과정이나 교과서에서 찾을 수는 없다고 생각한다.

이러므로 그 요인을 수업에서 찾을 수밖에 없다고 생각한다.

그렇다면 수업이 어떠하기에 80년간이나 똑같이 A・B 양군화의 결과를 낳고 있을까?

그 요인은 한둘이 아니지만 그 주요 요인은 일부의

우수한 어린이들만이 제대로 학습할 수 있는 방법으로 수업이 이루어져 왔기 때문이다.

A군이 잘 배우는 방법으로 이루어지는 수업하에서는 A군만이 제대로 학습하고 그 밖의 어린이들은 제대로 학습할 수 없는 수업이 될 수밖에 다른 도리가 없는 것이다.

A·B 양군은 학습하는 방법이 다른데, 수업이 A군 어린이들만이 잘 배울 수 있는 방법으로 이루어지기 때문에 B군은 제대로 학습할 수가 없어 학습을 불완전하게 하거나 실패할 수밖에 다른 도리가 없는 것이다.

외람된 말이지만 필자는 이것이 현행 수업의 최대의 문제점으로 생각하고 이 문제를 해결하기 위한 수업기술을 미력으로나마 생각하여 오고 있다.

Ⅲ

수업과 심진 일으키기

1. 심진이라는 말의 뜻

필자는 수업을 제대로 전개하여 나감에 있어 중요한 일의 하나는 어린이들의 심진(心震)을 일으키는 일이라고 생각하고 있다.

그 이유는 조금 뒤에서 밝히기로 하고 우선 '심진'이라는 말의 뜻을 먼저 밝히고자 한다.

외람되지만 '심진(心震)'이라는 말은 필자가 만들어 쓰고 있는 조어이다.

'마음 심(心)' 자와 '떨 진(震)' 자로 된 말로서 직역하면 '마음의 지진'이라는 뜻의 말이다.

어린이들을 능동적 · 주체적으로 움직이도록 꾀하

고자 할 때 어떻게 하여야 하는가를 모색하는 과정에서 생각해 낸 말이었다.

필자는 이 말을 만들어 쓰기 전에는 '쑤석거린다', '집적거린다', '꼬드긴다'라는 말을 사용하고 있었다.

이 세 가지 말의 뜻을 어떤 하나의 말로 나타내는 말이 없을까 생각하면서 여러 가지로 찾아보았으나, 꼭 맞는 말을 찾지 못하였었다.

이래서 그런 좋은 말을 찾아낼 때까지 잠정적으로 사용하기로 작정하고 심진(心震)이라는 말을 사용하기로 하였었다.

그렇게 만들어진 말이지만 필자와 같은 천학비재한 사람이 감히 말을 만들어 쓰는 것이 마음에 걸려, 그에 알맞은 말을 서둘러 찾아 왔지만, 오늘까지 찾지 못하여 아직도 '심진'이라는 말을 쓰고 있는 바, 그런지 어언 50여 년이 되었다.

그러는 동안에 필자의 글을 읽은 선생님들이나 강의에서 들은 선생님들도 함께 사용하고 있어 꽤 일반화되어 가고 있는 것 같다.

아직도 꼭 알맞은 말을 찾지 못하고 있으므로 이

글에서도 잠정적으로 사용하기로 한다.

심진을 일으키는 일은 모든 수업에서 모든 어린이들을 학습의 능동적 주체, 곧 학습의 당사자로 전환시킴에 있어 불가결한 방법으로 생각된다.

따라서 이 말이 품고 있는 뜻을 먼저 밝히고자 한다.

앞에서 언급되었지만 필자가 외람되게 만든 심진이라는 말은 쑤석거린다, 집적거린다, 꼬드긴다 등의 말의 뜻을 함께 가진 말로 만들었기 때문에 그 뜻을 정확하게 설명하기 위해서는 이 세 가지 말의 뜻을 밝힐 필요가 있을 것으로 생각되어, 다음에 간단하게 밝히고자 한다.

가. 쑤석거린다

이 말의 뜻을 사전에서 보면 '가만히 있는 사람을 부추기거나 꾀어 충동시키다.'로 풀이하고 있다.

예전에는 부엌에서 장작불을 지펴서 밥을 짓곤 하였다.

장작불은 몇 조각의 장작 조각들을 잘 쌓아야 산소 공급이 잘 되어 잘 타게 되는데 포개어져 있는 곳까지 다 타게 되면 포개어져 있었던 장작들이 툭툭 떨어져 불이 꺼진다.

산소의 공급이 안 되기 때문이다.

이러므로 장작불을 계속해서 활활 타도록 하려면 장작이 툭툭 떨어지기 직전에 장작을 다시 고쳐 쌓음으로써 산소 공급이 잘 되도록 하여야 하는 바, 이렇게 장작을 알맞은 때에 고쳐 포개는 일을 '쑤석거린다'고 말한다.

그러니까 산소의 공급이 잘 되도록 하기 위하여 장작 조각들을 고쳐 쌓는 일을 '쑤석거린다'고 말한다.

따라서 심진이란 수업 중에 집중력이 떨어지려 할 때 지적으로 쑤석거림을 이르는 말이다.

나. 집적거린다

이 말을 사전에서 보면, '말이나 행동으로 공연히 남을 건드리다.'로 해설하고 있다.

예컨대 잠이 들려고 하면 옆에 있는 사람이 집적거리고, 또 잠이 들려고 할 때 집적거리곤 하면 잠을 이룰 수가 없다.

그러니까 수업 중에 지적으로 잠들려 할 때 집적거림으로써 잠들지 못하게 자극하는 일을 말한다.

다. 꼬드긴다

이 말을 사전에서 보면 '연 놀이를 할 때, 연이 높이 올라가도록 연줄을 잡아 젖히다.'로 해설하고, '어떠한 일을 하도록 남의 마음을 꾀어 부추기다.'라고도 해설하고 있다.

수업 중에 지적으로 해이해지려고 할 때 어린이의 마음을 부추기어 집중시킴을 이르는 말이다.

위에서 세 가지 말의 해설이 길어졌지만, 이 세 가지 말은 모두 사람의 마음을 움직여 행동하도록 함을 나타내는 말이다.

위의 세 가지 말의 뜻을 함께 함유하고 있는 말로 '심진(心震)'이라는 말을 사용하고 있다.

똑같은 뜻을 가진 말이 사전 안에 있을 것이니 이 말을 찾을 때까지 잠정적으로 사용하고 있는 말이다.

2. 심진을 일으키는 장치

아시는 바와 같이 수업은 고도로 계획적이며 체계적으로 이루어지는 일이다.

그러므로 수업은 어린이들이 하고 싶어 하는 일이라 하여 하고, 하고 싶어 하지 않은 일이라 하여 하지 아니하여도 되는 그런 일이 아니다.

하여간에 어린이들은 교사가 원할 때 원하는 내용의 활동을 하여야 하고 사고하여야 한다.

그러나 어린이들은 교사가 원할 때에, 원하는 내용의 활동을 쫌맞게 스스로 하고자 하는 그렇게 편리한 존재들이 아니다.

여기에 어려움이 있다.

이러므로 교사는 자신이 원할 때 원하는 내용의 활동과 사고를 하고자 하는 의욕이 어린이들의 내부에서 치솟아 오르도록 꾀하는 일을 하지 않으면 아니 된다.

어린이를 비롯한 모든 인간은 자신의 내부에서 하고자 하는 의욕이 치솟아 오르면, 바꾸어 말하면 마음의 지진, 곧 심진이 일어나면, 말 그대로 스스로 행동하고 사고하는 본성을 가지고 있다.

이러므로 교사가 원할 때 원하는 내용을 행동하고, 사고하도록 하기 위해서는 이 인간의 본성을 살려 쓰도록 하여야 한다.

되풀이되지만, 어린이들은 교사가 원할 때 원하는 내용의 활동과 사고를 쫌맞게 스스로 하여 주는 그렇게 편리한 존재들이 아닌 것이다.

따라서 교사는 그들 모두가 그러할 수 있도록 꾀하지 않으면 아니 된다.

바꾸어 말하면 어린이들 모두에게 마음의 지진, 곧 심진이 일어나도록 꾀하여야 한다.

이에 대하여 예를 들어 조금 더 공구(攻究)하고자 한다.

(그림 1)

(그림 1)은 물이 가득 들어 있는 컵이 책상 가장자리에 위태롭게 놓여 있다.

자칫 잘못하면

물컵이 떨어질 듯 위험스런 상태이다.

이러므로 이곳을 지나가는 사람은 누구나 그런 사실을 알아차리고, 살짝 안쪽으로 밀어 넣거나, 들어 옮겨 놓을 것이다.

누구도 시키지 아니하였지만, 스스로의 내부에서 마음의 지진, 곧 '심진'이 일어나서 문자 그대로 능동적으로 행한 것이다.

새삼스러운 말 같지만, 이때 컵을 한 쪽으로 옮겨 놓아야 한다는 마음의 움직임, 곧 심진은 어찌하여 일어났을까?

그것은 말할 것도 없이 물이 가득 들어 있는 컵이 책상 가장자리에 위태롭게 놓여 있는 사실이 있었기 때문이다.

그런 '장치'가 되어 있었기 때문이다.

그런 '장치'에 의하여 누구도 지시하지 아니하였지만, 그것을 본 사람으로 하여금 심진을 일으켜 능동적 · 주체적으로 움직이는 주체로 전환시켜 버린 것이다.

바꾸어 말하면 그런 '장치'가 없었으면 그런 심진은

일어나지 아니하였을 것이며, 그런 행동은 행하지 아니하였을 것이다.

그런 '장치'를 의도적으로 하여 두었기 때문에 그것을 본 사람으로 하여금 스스로 움직이는 주체로, 움직이지 않을 수 없도록 한 것이다.

이러므로 어린이들을 교사가 원하는 때에 원하는 내용의 행동을 하고, 사고하도록 하기 위해서는 알맞은 장치를 함으로써 심진을 일으켜야 함을 알 수가 있다.

다른 예를 하나 더 들어보기로 한다.

매우 추운 날에 (그림 2)와 같이 조금 열려 있는 창가에 서 있지 않으면 아니 된다면, 누구나 곧 스스로 창을 닫을 것이다.

심진이 일어났기 때문에 누구의 지시나 부탁이 없어도 문자 그대로 능동적으로 행동하게

(그림 2)

되는 것이다.

그의 마음속에서 지진, 곧 심진이 일어난 것은 추운 겨울날 찬바람이 들어오도록 일부러 창문을 열어 놓는 '장치'를 해 놓았기 때문이다.

위의 두 가지 예로써 어린이들로 하여금 교사가 원할 때 원하는 내용의 행동과 사고를 할 수 있도록 하기 위해서는 필요한 어떤 장치를 하여야 함을 알 수 있다.

동시에 어린이들의 마음의 지진, 곧 심진을 일으킬 수 있는 기술을 체득하고 활용할 수 있는 기술을 다양하게 체득하고 있어야 함을 알 수 있다.

위의 논의로써 어린이들로 하여금 심진을 일으켜 능동적으로 참가하고 사고하도록 하기 위해서는 심진을 일으킬 수 있는 어떤 장치를 함으로써 가능하다는 사실을 알 수가 있다.

위의 예는 비수업적 예이었으므로 다음에서 수업의 사례로써 심진을 일으키는 장치를 생각하여 보기로 한다.

국어과 설명문의 구조, 곧 그 짜임을 찾아내도록

함을 목표로 하는 수업의 경우를 예로 들어 보기로 한다.

어린이들 전원으로 하여금 스스로 설명문의 짜임의 법칙을 궁리 끝에 발견할 수 있도록 하기 위해서는 어린이들 각자의 심진을 일으켜야 하며, 그러하기 위해서는 그럴 수 있는 알맞은 장치를 하여야 한다.

되풀이되지만 어린이들 각자가 학습의 목표를 제대로 인식하고, 그 목표를 달성하기 위해서 스스로 움직이도록, 곧 스스로 사고하도록 하기 위해서는 어린이들 각자의 심진을 일으켜야 하며, 그러하기 위해서는 교재에 어떤 장치를 하여야 한다.

그러하기 위해서 보기와 같은 글을 제시한다.

(보기글)
이 달의 씨름왕
㉮ 그래서 철수가 이 달의 우리 반 씨름왕이 되었습니다.
㉯ 철수는 우리 반에서 제일 뚱뚱하고 힘센 철이를 이겨 버렸습니다.
㉰ 오늘 우리 반에서 이 달의 씨름 대회를 하였습니다.

글의 배열 순서를 바꿔 놓은 것이다.

어린이들의 심진을 일으킴으로써 스스로 사고하도록 하기 위해서 교재에 장치를 해놓은 것이다.

이 글을 일독한 어린이라면 심진을 일으키지 않을 수 없도록 곧 '이상하다!'고 생각하고, 다시 한번 읽어 보고 '글의 배열 순서가 이상한데?'하고 물음을 갖고 확인하기 위하여 다시 읽어 보지 않을 수 없도록 장치를 해 놓은 것이다.

어린이들 각자가 그와 같이 각자의 내부에서 치솟아 오르는 물음을 갖게 되고, 치솟아 오르는 물음을 가지면 스스로 움직이는 본성에 의하여 문자 그대로 능동적·주체적으로 움직이고 사고하게 되는 것이다.

어린이들이 이와 같이 스스로 움직이고, 사고할 것으로 기대하여 교재에 장치하여 두었기 때문이다.

문단의 배열 순서를 바꿔 놓음으로써 어린이들 각자가 심진을 일으키도록 장치를 하여 놓은 것이다.

수업이란 이와 같이 어린이들 각자로 하여금 사고하지 않을 수 없도록, 어떤 장치를 함으로써 각자를 사고하는 능동적 주체로 전환시키는 과정인 것이다.

3. 심진을 일으키는 기술

위에서 논의한 바와 같이 수업은 어린이들 각자의 심진을 일으킴으로써 어린이들 각자로 하여금 교사가 원할 때 원하는 일을 능동적·주체적으로 행하도록 꾀하는 일이다.

말은 쉽지만 전원이 능동적·주체적으로 참가하고, 탐구적으로 모색하는 수업을 조직하는 일이 누구나 할 수 있는 쉬운 일이 아니다.

그러나 이 일이 제대로 이루어지지 않고서는 전원이 참가하고 사고하며 성취하는 수업을 이루기는 어렵다.

이 어려움을 극복하기 위해서는 전원을 학습하는 능동적 주체로 전환하게 하는 기술을 구사하여야 한다.

이런 필요에 따라 본장에서는 전원을 학습의 능동적 주체로 전환케 하는 일, 곧 심진을 일으키는 장치를 어떻게 할 것인가 그 실제적 기술에 대하여 논의하기로 한다.

1) 누구나 쉽게 응답할 수 있는 문제로 도입한다

절대로 처음부터 어려운 문제를 제시함으로써 어린이들이 지적으로 쩔쩔매도록 하여서는 안 된다.

누구나 쉽게 응답할 수 있는 문제로 수업을 도입하여, 누구나 성공한 기쁨을 만끽하는 학습으로 자연스럽게 이어지도록 하여야 하겠다.

그러하기 위해서는 누구나 쉽게 응답할 수 있는 문제로 수업을 시작하도록 하여야 한다.

예를 들어본다.

2학년 1학기 수학과의 받아 올림이 한 번 있는 두 자리 수 더하기 한 자리 수의 학습의 경우이다.

(그림 3)은 본 시의 학습을 전원이 제대로 할 수 있도록 하기 위하여 마련한 학습 계단이다.

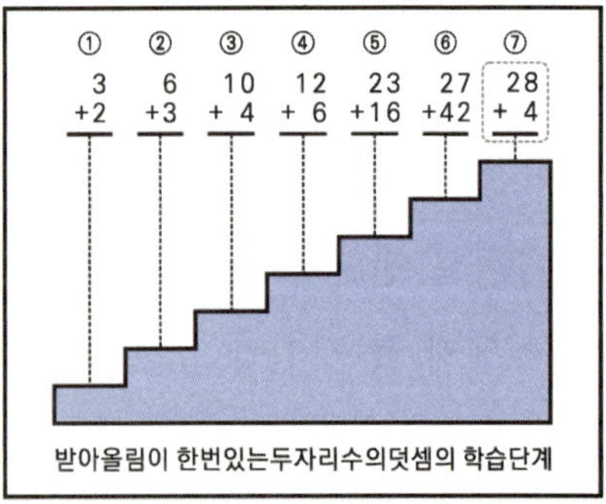

(그림 3)

⑦ 의 $\begin{array}{r} 28 \\ +\ \ 4 \\ \hline \end{array}$

가 본시의 학습문제이며, 이것을 전원이 제대로 학습할 수 있도록 하기 위하여 본시의 이른바 도입 단계에서 학습하여 올라가야 하는 학습의 계단이다.

'또 성공했다!', '또 성공했다!', '또 성공했다!'와 같이 비록 작은 성공 체험이지만 부딪친 문제의 해결에 성공한 기쁨과 함께 내부에서 치솟아 오르는 문제 해결을 향한 도전 의욕이 내발토록 하기 위한 장치이다.

논의의 편의상 위의 보기로써 이루어지는 '교실 수업'에서의 수업 과정을 먼저 논의하고자 한다.

먼저 수업의 시작과 함께 ① $\begin{array}{r} 3 \\ +\ 2 \\ \hline \end{array}$ ② $\begin{array}{r} 6 \\ +\ 3 \\ \hline \end{array}$을 판서 제시하며, 각자의 노트에 해답하여 그것을 교사에게 제시하도록 한다.

이렇게 하는 것은 문제 해결에 성공하였음을 칭찬하여 줄 뿐만 아니라, 그것을 인정받았음을 자신의 눈으로 볼 수 있도록 하기 위하여 빨간색 연필로 짙고 큰 동그라미를 그려 줌으로써 성공한 기쁨을 만끽하도록 하기 위해서이다.

나오기 시작하면 ③, ④문제를 판서 제시하고, 같은

요령으로 풀어서 점검을 받도록 지시한다.

같은 요령으로 ⑤, ⑥문제를 제시하여 점검받음으로써 성공한 기쁨을 만끽하도록 한다.

⑥번까지 해결하여 성공 체험을 거듭한 어린이들은 본시의 학습문제인 ⑦번에 대한 치솟는 도전 의욕을 가지고 있는 것이 보통이다.

이때 다음과 같이 자존심을 건드는 '마음의 지진', 곧 심진(心震)을 일으킨다.

'⑦은 아직 배우지 않은 문제이므로 어렵습니다. 그러므로 희망하는 사람만 풀어보세요.'

자신의 능력을 과소평가받은 어린이들은 오히려 분발하여 문제에 도전하게 된다.

인간은 자신의 능력을 과소평가받게 되면 오히려 전력을 다하여 도전하는 본성을 가지고 있다.

이상은 이 본성을 이용하여 지도하는 수업 기술의 하나이다.

중요한 점은 작은 성공의 기쁨을 자주 쌓아 올리는 일이 포인트이다.

뇌과학자 모기・겐이치로 박사의 다음 말은 수업

하는 오늘의 교사가 깊이 명기(銘記)해 두어야 할 말이라고 생각된다.

"사소한 일이라도 자신이 해낸 일을 그때마다 인정받으면 뇌는 그때마다 기뻐한다."

"너무 높은 목표를 설정하면, 그것을 달성하고자 하는 의욕을 잃게 하기 쉬우므로, 그럴 경우는 능히 달성할 수 있을 정도의 작은 문제로 세분하여 주어야 한다."

"작은 달성을 하게 하여 작은 달성감을 쌓아올림으로써, 뇌를 기쁘게 하여 큰 도전감을 키워 나간다."

"아무리 작은 일이라도 자발적으로 행함으로써, 성공체험을 하였을 때 비로소 기쁨을 느낀다. 성공체험 없이는 아무리 노력하여도, 뇌는 변하지 않는다."

• 茂木健一郎, 脳を活かす勉強法, PHP文庫, 2016

2) 지적 기로에 세움으로써 헷갈리게 한다

등산 전문가가 목표하는 산의 정상을 정복하기 위하여 오르고 있는 도중에 Y자와 같은 기로에 서게 되었다.

등산 전문가인 그도 좌우의 어느 쪽 길이 정상으로 가는 길인지 헷갈려 앞으로 나아가지 못하는 형편이었다.

사람이 지나간 발자국도, 길의 너비도, 잡초가 자라고 있는 모습도 모든 상황이 완전히 똑같아 판단할 수 없는 형편이었다.

그는 기로에 서서 그가 가지고 있는 등산의 지식, 상식, 경험 등을 종합적으로 활용하여 이모저모로 골똘히 사고하여 얻은 답대로 오른쪽 길로 올라갔다.

이와 같이 인간은 지리적 기로에 섰을 때는 물론, 지적 기로에 세워졌을 때도 헷갈리며, 그 어려움에서 벗어나기 위해서 이모저모로 진지하게 사고하는 본성을 가지고 있다.

3) 기지와 모순되거나 그것을 부정하는 정보를 제공한다

인간은 지적으로나 신체적으로나 균형이 유지돼 있을 때 정상적인 생활을 영위할 수 있게 된다.

저쪽에서 이루어지고 있는 일을 보고 있는데, 누군가가 그런 나를 센 힘으로 밀어 버렸을 때 나는 넘어지지 않으려고 노력하게 된다.

신체적 균형을 유지하려는 본능적인 행동이다.

강의를 하고 있는데 집에서 바쁜 전화가 왔다기에 받아 보니 큰일이 났다는 소식이다.

강의를 할 수가 없다.

정서적인 균형을 잃어버렸기 때문이다.

잠시 후에 다시 전화가 와서 받아보니 그 문제가 해결되었다는 소식이었다.

나는 정상적으로 강의를 할 수 있게 된다.

잃어버린 정서적인 균형을 회복하였기 때문이다.

이상의 예는 신체적 및 정서적 균형을 잃었을 때의 예이지만 이는 지적인 경우도 마찬가지이다.

기지, 곧 기왕에 잘 알고 있는 지식이나 그와 관련되는 정보에 접했을 때에는 잘 알고 있는 터이라 새삼스럽게 사고할 필요가 없어 사고하지 않는다.

그러나 기지와 모순되거나 그것을 부정하는 정보에 접하게 되면 지적 균형을 잃게 되고, 잃어버린 균형을 회복하기 위해서 전지와 전능을 다하여 문자 그대로 스스로 사고하게 된다.

그런 결과로 문제가 해결되면 잃었던 지적 균형을 회복하게 되고, 기지(旣知)는 한 차원 향상적으로 변용되는 것이다.

부연하면 인간은 그것이 어떤 경우이든 일단 균형을 잃게 되면 그것을 회복하기 위하여 노력하게 되고, 그것을 회복함으로써 정상을 회복하게 되는 본성을 가지고 있는 것이다.

이와 같이 지적 균형을 잃고 그것을 회복하기 위해서 하는 노력이 다름 아닌 사고이다.

요컨대 어린이로 하여금 의도하는 사고 활동을 스스로 하도록 하기 위해서는 그들이 가지고 있는 기지(旣知)와 모순되거나 그것을 부정하여 버리는 정보를 제공하도록 하여야 한다.

인간은 그가 가지고 있는 기지와 모순되거나 부정하는 정보에 접했을 때 스스로 사고하는 본성을 가지고 있기 때문이다.

수업은 인간의 본성을 살려 하는 일이라고 말하는

소이연이 바로 여기에 있는 것이다.

예를 들어본다.

사회과의 등온선의 학습이다.

본시 학습문제 그러니까 등온선의 학습에 앞서 다음과 같은 학습을 이미 하였다.

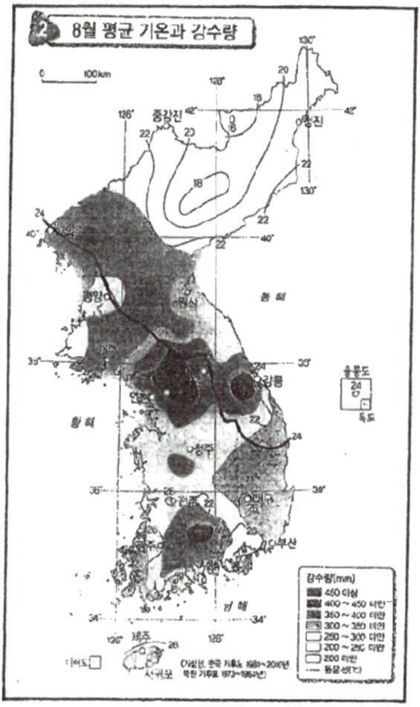

(그림 4)

위도와 기온과의 관계이다.

위도가 1도 올라갈 때마다 기온은 1도씩 내려가고, 위도가 1도씩 내려갈 때마다 기온은 1도씩 올라간다는 학습을 이미 한 바 있다.

그런 기지(旣知)를 가지고 있는 어린이들이 '등온선'이란 무엇인가를 학습하면서 우리나라의 '8월의 평균 기온과 강수량'이란 제목의 지도에서 등온선도를 보는 가운데 기지와 크게 다른, 바꾸어 말하면 기지를 완전히 부정하여 버리는 사실을 발견한 것이다.

예컨대 북위 40도상에 있는 신의주의 8월의 평균 기온은 24도인데, 위도가 신의주보다 3도나 낮은 경북 울진의 같은 8월의 평균 기온도 24도인 사실을 발견한 것이다.

어린이들은 기지와 모순되는, 곧 기지를 부정하는 사실을 발견하고, 지적 균형을 잃고 심진을 일으킨 것이다.

지적 균형을 잃은 어린이들은 잃어버린 균형을 회복하기 위한 노력, 곧 사고 활동을 문자 그대로 능동적 · 주체적으로 하게 되는 것이다.

4) 애매하고 불확실한 정보를 제공함으로써 헷갈리게 한다

어린이를 포함한 모든 사람은 애매하고 불확실한 정보에 접하였을 때 심진을 일으키는 본성을 가지고 있다.

수업은 이 어린이들의 본성을 살려 이루어져야 한다.

어린이를 포함한 모든 사람은 애매하고 불확실한 정보에 접하면 확실한 것으로 밝히고자 하는 욕구가 내발하여, 가진 바 지식 · 상식 · 경험을 종합적 · 관련적으로 활용하여 그것을 밝히고자 사고하게 된다.

예를 들어 본다.

㉮ 20÷5=4
전시에 기왕에 학습한 나머지가 없는 나눗셈이다.
㉯ 20÷5=3…5
본시에 나머지가 있는 나눗셈을 학습한 직후에 제시된 순이의 생각이다.

나누어 떨어지는 나눗셈의 학습에 이어서, 나머지가 있는 나눗셈을 학습하였다.

어린이들의 이해를 확실하게 하기 위하여 애매하고 불확실한 정보를, 그러니까 옳은 것도 같고, 옳지 않은 것도 같은 애매하고 불확실한 정보를 순이의 생각이라 하여 제시한다.

순이는 실존하지 않은 가상의 동학년 어린이이며, 교사가 대신하여 말한다.

순이의 생각이라 하여 다음과 같은 요령으로 ㉯를 제시하여, ㉮로 만족하고 있는 어린이들의 심진을 일으킨다.

"선생님이 전임지에서 근무하였을 때도 바로 여기를 가르쳤어요. 그때 순이가 ㉯와 같이 풀이하였어요. 어린이들은 순이의 이 생각에 대하여 여러 가지 생각들을 내놓았어요. 여러분은 어떻게 생각합니까?"

순이를 등장시킴으로써 어린이들의 안이한 생각에 물결을 일으키는 것이다.

옳다, 옳지 않다는 양론으로 분열되어 결론이 나지 않는 토론이 이루어지고, 교사가 지도함으로써 일단락되지만, 그 과정에서 어린이들은 전원이 이모저모로 사고하게 된다.

㉯를 제시함으로써 나눗셈의 법칙, 곧 '나누어 떨어지는 나눗셈에서 나머지를 내는 것은 잘못이다.'를 지도함과 함께 전원으로 하여금 능동적으로 골똘히 사고하도록 하기 위한 수업 전략이다.

바꾸어 말하면 수업기술 적용의 한 예이다.

애매하고 불확실한 문제에 접한 어린이들은 스스로 사고하게 되며, 각자 나름의 생각을 마련하게 된다.

5) 대립되는 사고 장면을 조성한다

수업을 한 경험이 있는 사람이면 누구나 체험한 일일 것이지만, 수업 중에 갑자기 어린이들이 진지하게 사고하는 때가 있다.

모두가 논의한 끝에 마침내 같은 생각을 얻어냈는데, 어떤 어린이가 그것과 완전히 대립하는 생각을 내놓았을 때이다.

교수학의 권위이신 요시모도・히도시 교수는 '정말로 제대로 알기 위해서는 두 가지 이상의 상이한 생각이 반드시 필요하다.'는 가르침을 주고 있는데, 수업이라는 사실 속에서 경험한 바가 있는 교사이면 고개가 저절로 끄덕이어지는 말이다.

예를 들어본다.

4학년 국어과 교재에 '박노인과 박바우'가 있다.

양반, 중인, 상인, 천인이라는 엄격한 신분제도가 있었던 옛날이야기이다.

박노인은 '바우'라는 이름을 가진 네 가지 신분 중에서 가장 낮은 신분인 천민이었으며 고기 장사를 하고 있었다.

그때는 양반이면 어린이들도 상대가 천민인 경우 비록 노인이라 할지라도 존댓말을 쓰지 않고 '해라'를 하였다.

어느 날 젊은 양반 ㉮가 와서 "바우야, 쇠고기 한 근 다오."라고 말하였다.

박노인은 아무 말 없이 고기를 대충 잘라 주었다.

곧이어 젊은 양반 ㉯가 와서 "박 서방님, 쇠고기 한 근만 주세요."라고 존댓말로 말하였다.

박노인은 매우 반가워하며, 가장 좋은 부위의 고기를 뭉텅 잘라 주었다.

여기에서 교사는 다음과 같이 발문하였다.

"젊은 두 양반이 박노인에 대하여 한 말이나 행동은 누가 바르게 하였다고 생각합니까?"

어린이들은 전원이 젊은 양반 ㉯가 잘했다고 응답

하였다.

이어서 교사가 전임지에 있었을 때의 일이라 하여 말한다.

선생님이 전임지에 있었을 때도 꼭 여기를 수업했었는데, 그때 순이는 다음과 같이 말하였습니다. “옛날이나 지금이나 사람들이 살아가는 사회에는 모든 사람이 지켜야 하는 약속이 있습니다. 이 이야기는 옛날에 있었던 이야기이며, 그때는 양반이면 누구든지 상대가 박노인과 같은 천민일 때는 ‘해라’를 하도록 하는 규범이 있었습니다. 그러므로 그 시대의 약속을 제대로 잘 지킨 ㉮양반이 잘한 것입니다.”라고 순이를 대신하여 교사가 말하였다.

“순이의 말을 듣고 여러분은 어떻게 생각합니까? 당시 사회의 규범을 잘 지켜서 말한 ㉮양반이 제대로 한 것인지, 당시 사회의 약속을 어기고 박노인에게 존댓말을 한 ㉯양반이 잘한 것인지, 다시 한번 생각하여 노트에 정리합시다.”

결국 어린이들은 ㉮, ㉯의 양군(兩群)으로 나뉘어져 뜨거운 토론이 이루어졌었다.

앞에서도 말한 대로 순이는 실존하지 않는 가상의 어린이이며, 교사가 그를 대신하여 말하고 행동하는 가상의 어린이이다.

학급 어린이들의 의견이 어느 한 쪽으로 모아져 어린이들의 사고가 확산되지 않을 때, 교사가 그 역을 맡아 가상의 어린이가 되어 말하고 행동하는 수업기술의 하나이다.

여기에서 노리는 것은 어떤 정답을 얻어내려고 하는 것은 아니다.

어린이 각자로 하여금 보다 더 깊고 넓게 이모저모로 사고하도록 함으로써 사고력을 기르기 위해서 하는 일이다.

6) 예상 밖의 의표를 찌르는 정보를 제공한다

인간은 여러 가지 경우에 심진이 일어나며, 능동적으로 움직이는 본성을 가지고 있는 존재이다.

예상 밖의 의표를 찌르는 정보에 접했을 때도 심진을 일으키고, 스스로 사고하곤 한다.

인간의 이런 본성을 이용하여 도입한 또 하나의 수업을 소개하기로 한다.

과학과 5학년 2학기 단원에 '우리의 몸'이 있으며, 혈액이 흐르는 통로인 혈관을 다루는 수업이다.

이 교재의 경우 어떻게 도입함으로써 어린이들로 하여금 스스로 사고하도록 할 수 있을까?

교재 연구 단계에서 백과사전에서 혈관을 찾아보니 아주 좋은 자료를 발견할 수 있었다.

혈관의 길이이다.

도입을 다음과 같이 하였다.

우선 혈관, 혈액 순환, 순환 기관 등의 학습 용어를 지도하였다.

"여러분은 우리의 몸에 있는 굵고 가는 혈관을 모두 이어 놓으면 그 길이가 얼마나 되는지 알겠습니까? 얼마나 되는지 그 대강을 짐작하여 봅시다." 하고 운을 떼었다.

그러면서 "우선 그 길이를 나타내는 단위가 무엇인지부터 생각해 봅시다."라고 말하고 'cm', 'm', 'km'를 판서하였다.

어린이들은 'm'일 것으로 짐작하였다.

"km라야 합니다."라고 가르쳐주니 어린이들은 "와!" 하고 놀라며, 각자의 짐작을 말하였다.

어린이들은 2km, 10km, 20km라고 짐작하여 말하였다.

모두 고개를 좌우로 흔들어 '아님'을 시사하여 주었다.

어린이들은 놀라며 무턱대고 100km, 1,000km라고 말한다. 모두에게 고개를 좌우로 흔들어 옳지 않음을 알려 주고, 어린이의 경우는 약 10만 km, 어른의 경우는 약 12만 2,000km임을 판서하니 매우 놀라며, 벌어진 입을 다물 줄 몰라 하였다.

"와! 왜 그렇게 길지?!" 하는 놀람과 물음이 동시에 나왔다.

사람은 누구나 의외로 큰 수치의 정보에 접하면 놀라는 본성을 가지고 있음을 알고 있었기에 혈관의 길이를 알면 놀랄 것이라는 예상을 하였지만, 어린이들의 크게 놀라하는 모습을 보고 놀랐다.

하여간에 어린이들은 한 명도 예외 없이 '도대체 혈관은 어찌하여 그렇게 길까?' 하는 짙은 문제의식을 갖게 되었다.

이때가 이른바 학습문제를 제시할 최적 시점이다.

혈관이 그렇게 긴 것은 그렇게 길지 않으면 아니 되는 필요가 있어서입니다.
그렇게 길지 않으면 아니 되는 필요란 무엇일까요?
3분간 생각하여, 20자 이내로 쓰시오.

이 발문에 대하여 잠깐 부연 설명하고자 한다.

이런 경우 흔히 "혈관이 그렇게 긴 까닭은 무엇일까요?" 또는 "왜 혈관의 길이는 그렇게 길까요?"라고 직접적 · 직선적으로 묻는 것이 일반적이다.

그렇지만 '왜?' 또는 '그 까닭은'과 같이 물으면 너무 어려운 물음이 돼버린다.

이렇게 묻는 것을 필자는 "왜? 까닭형 발문"이라고 부르고 있다.

일반적으로 "왜? 까닭형"으로 물으면 지나치게 어려운 물음이 돼버려, 지적 순발력이 좋은 소수의 어린이만이 사고하는 발문이 되어 버린다.

발문은 지적 장애가 없는 보통의 어린이라면 각자 나름으로 사고할 수 있는 난도의 물음으로 물어야 한다.

그러하기 위해서는 위의 경우라면 우선 물음의 범위를 한정하여야 한다.

다시 말하면 위와 같이 "왜? 까닭형"으로 물을 때는 사고의 범위가 무한정이 되어, 어디에서부터 무엇에서부터 사고하여야 하는지 알기 어려워 어린이들로서는 사고할 수 없는 지나치게 어려운 발문이 돼버린다.

따라서 범위를 한정하여 물어야 한다.

위의 발문에서 본 바와 같이 '혈관은 그렇게 길어야 하는 필요가 있다.'는 것을 가르쳐 줌으로써 '무슨 필요가 있을까?'와 같이 사고의 범위를 한정하여 묻는 것이다.

이렇게 함으로써 누구나 각자 나름으로 생각할 수 있도록 돕게 되는 것이다.

발문에 대한 논의가 길어져 버렸는데, 수업은 전원으로 하여금 사고하도록 꾀하는 장이므로 전원이 능히 사고할 수 있도록 물어야 한다.

다시 말하면 문제를 해결함에 필요 최소한의 지식, 정보, 자료 곧 힌트를 곁들여 물어야 함을 말하고자 한다.

7) 가치 갈등 상황을 조성한다

가루네아데스의 질문부터 논의하기로 한다.

가루네아데스는 BC 2세기경의 철학자이며 “가루네아데스의 질문”으로 유명한 철학자라고 한다.

대해를 항해 중인 배가 암초에 부딪혀 배가 산산조각이 나버렸다.

승객들은 모두 부서진 배의 나무 조각 한 조각씩에 의지하며, 지나가는 배가 오기를 바라며 버티고 있었다.

그런 가운데 한 젊은이는 어쩌다가 판자 조각을 차지하지 못하고 힘겹게 떠 있었다.

하염없이 기다려 왔지만, 오지 않는 지나가는 배를 더 이상 기다릴 수만은 없게 된 익사 직전의 젊은이는 마지막 선택을 하지 않을 수 없게 되었다.

아까부터 가까이에 판자 조각에 매달려 힘없이 떠

있는 한 노인을 보며 생각하고 있었던 일이다.

'노인은 여생이 짧고 나는 길게 남아 있다.'

'노인의 판자를 빼앗으면 나는 살지만 노인은 죽으며, 빼앗지 않으면 노인을 살지만 젊은 나는 이대로 익사할 수밖에 다른 선택의 여지가 없다. 어떻게 하여야 옳은가?'

'더 이상 망설일 시간이 없다!'

'아! 어떻게 하여야 옳은가?'

이것이 BC 2세기경에 가루네아데스가 던진 저 유명한 "가루네아데스의 질문"이다.

가루네아데스의 질문 속의 젊은이의 갈등은 모든 인간이 가지고 있는 갈등이며 본성이다.

유행가의 일 절에도 이런 인간의 갈등이 표현되어 있다.

'스승을 따르자니 사랑이 울고, 사랑을 따르자니 스승이 운다.'는 일 절이 그것이다.

인간은 어느 한쪽을 선택하지 않을 수 없는 가치 갈등 상황에 놓이게 되면, 남녀노소를 막론하여 그 어느 한쪽을 선택하기 위해서 사고하지 않을 수 없으며,

이른바 "가루네아데스의 질문"에 고민하게 되는바, 이런 인간의 본성을 살려 어린이들로 하여금 스스로 사고하지 않을 수 없도록 꾀하도록 하자는 것이다.

8) 시연 실험을 한다

사람은 누구나 처음으로 보는 일로서, 그 까닭을 알 수 없는 현상을 보면, '이상하다! 왜 그러지?' 하는 문제의식을 갖게 된다.

과학과 수업의 도입 단계에서 흔히 실험을 하게 되는데, 그것은 어린이들로 하여금 문제의식을 갖도록 하기 위해서 하는 실험으로, 이때 하는 실험을 흔히 시연 실험(試演 實驗)이라고 말하고 있다.

어린이들에게 처음으로 보는 현상이면서 그 까닭을 알 수 없는 현상을 보임으로써, 그들로 하여금 '아! 이상하다? 왜 그러지?' 하는 문제의식을 갖도록 하기 위한 실험이다.

아시는 바와 같이 수업이란 어린이 각자로 하여금 사고하도록 함으로써 사고력을 기르는 일이다.

시연 실험은 어린이들 각자가 처음으로 보는 현상으로서 그 까닭을 알 수 없는 현상을 보임으로써, 그들의 내부에서 물음이 치솟아 오르도록 하기 위해서 하는 실험이다.

여기에서 필자가 행한 바 있는 시연 실험으로 예를 들어 보기로 한다.

(그림 5)와 같이 병을 손으로 감싸고 있으면, 물에 젖은 100원짜리 동전이 달그락달그락 소리 내며 움직인다.

(그림 5)

이것을 처음으로 본 어린이들은 깜짝 놀란다.

처음으로 보는 현상으로서 그 까닭을 알 수 없기 때문에 그들의 심진을 일으키는 것이다.

전원으로 하여금 깊은 문제의식을 갖게 하는 데 성공한 것이다.

위의 시연 실험에 관한 수업의 이야기가 길어지지

만 논의가 여기에 이른 김에 이 대목을 일반 수업에서는 흔히 제대로 행하지 못하고 있는 경우도 있으므로 참고로 논의하기로 한다.

이 대목에서 흔히 어린이들의 문제의식인 '동전이 움직이는 까닭은 무엇인가?'를 학습문제로 제시하는 것이 일반적이다.

이렇게 학습문제가 제시되면 이제까지 그토록 짙은 문제의식을 가지고 고개를 갸웃거리던 어린이들의 표정과 태도가 일시에 달라져 버린다.

'할 수 없다! 내 힘으로는 도저히 할 수 없다.'는 생각으로 사고의 끈을 놓아 버리는 것을 역력히 볼 수 있다.

'동전이 움직이는 까닭은 무엇인가?' 이 물음은 문제를 해결함에 필요한 어떤 단서도 실마리도 없는 그야말로 과학자의 연구 문제 수준으로 어려운 문제인 것이다.

이래서 이제까지 동전이 움직이는 기현상을 보고 머리를 갸웃거리며 생각하고 있었던 어린이들이 그들 나름대로 잡고 있었던 사고의 끈을 놓아 버리는 것이다.

'동전이 움직이는 까닭은 무엇인가?'는 어디까지나 어린이 각자의 '문제의식'인 그것을 '학습문제'로 하여서는 안 된다.

왜냐하면 이 물음 안에는 어린이들이 이 문제를 해결함에 필요 최소한의 지식·정보·자료 등 이른바 힌트가 전혀 없기 때문이다.

부연하면 문제를 해결함에 필요한 단서, 곧 실마리가 아무것도 없이 오직 물음만이 있는 것이다.

우리가 해결하지 않으면 아니 되는 어떤 문제에 부딪혔을 때 그것을 해결함에 필요한 최소한의 지식이나 정보 그리고 자료 등이 있어야만 도전할 수가 있다.

'동전이 움직이는 까닭은 무엇인가?' 이 물음 안에는 그런 것이 전혀 없으며, 오직 물음만이 있으므로 보통의 어린이들에겐 해결 사고가 불가능한 것이다.

필자는 지난날 하였던 이 수업에서 다음과 같이 물었다.

"동전을 움직이게 한 것은 누구입니까?"

두 손으로 감쌈으로써 동전이 움직였으므로 "병을

감싼 두 손"이라는 응답이 나온다.

"두 손이 무슨 일을 하였기에 동전이 움직였을까요?"

"되도록 자신의 힘으로 생각하여 보는 것이 좋지만, 너무 어렵다고 생각되는 어린이들은 교탁 둘레로 나오세요."라는 지시에 의하여, 자력으로 생각하는 어린이 군(群)과 일부 도움을 받아 해결하고자 교탁으로 나온 어린이 군(群)의 양군으로 나누어져 생각하게 된다.

교탁으로 나온 어린이들에게만 들리는 크기의 말로 이웃끼리 손을 만져 보게 한다.

손의 따뜻함과 그로 인하여 그 손으로 감싼 병이 따뜻해졌을 것임을 터득하도록 하기 위해서이다.

병을 감싼 손이 무슨 일을 하였는지를 터득한 어린이는 제자리로 돌아가서 노트하도록 하고, 그래도 아직 터득하지 못하고 남아 있는 어린이에게는 실제로 병을 두 손으로 감싸게 하여 병이 따뜻해졌음을 터득케 하여, 제자리로 돌아가도록 하였다.

이래서 전원이 병이 따뜻해졌고, 병이 따뜻해짐과 동전의 움직임과 관계가 있음을 파악하게 되었다.

이어서 “따뜻해진 병이 무슨 일을 하였기에 동전이 움직였을까?”라고 묻는다.

이 물음은 제법 어려워 대부분의 어린이들이 고개만 갸웃거리고 있다.

이때가 교사가 도움을 주어야 할 때이다.

“병 안에는 무엇인가 가득 들어 있습니다. 무엇일까요?”라고 묻는다.

대부분의 어린이가 “공기가 들어 있다.”고 말한다.

“병이 따뜻해짐에 따라 병 안에 가득 들어있는 공기는 어떤 영향을 받을까요?”라고 묻는다.

“공기가 따뜻해질 것입니다.”라는 반응이 나온다.

이어서 묻는다.

“따뜻해진 공기는 무슨 일을 하였기에 동전이 움직였을까요?”라고 묻는다.

“짝꿍과 의논하세요. 의논하여 생각이 모아졌으면 노트에 기록하여, 그 노트를 가지고 선생님께 나오세요.”라고 지시하였다.

나오기 시작한다.

나온 차례로 노트를 살펴 ‘따뜻해진 공기가 밖으로

나가느라 동전을 밀어 올렸다'는 요지의 기록에 빨간색 연필로 큰 동그라미 상을 준다.

그리고 그들에게 그것을 판서하라고 지시한다.

거기까지 미처 생각하지 못하였던 어린이들은 판서를 보고 '앗! 그렇다!'고 반응하고, 각자의 생각을 고쳐 쓰곤 한다.

그렇게 이웃으로부터 배워 터득한 바에 의하여 고쳐 쓰거나, 배워 쓴 노트를 가지고 나와서 모두가 빨간색 동그라미 상을 받아 좋아한다.

전원이 '성취한 작은 기쁨'을 만끽하는 것을 보는 필자도 '전원으로 하여금 성취한 기쁨을 만끽하게 한 기쁨'을 만끽하였다.

9) 속아 넘어가기 쉬운 자료를 제시한다

어린이로 하여금 스스로 골똘히 사고하게 하는 방법에 속임수라는 장치를 하는 방법이 있다.

다시 말하면 인간은 자신의 지식이나 상식, 경험에 의하면 반드시 A이어야 하는데, B로 나타나 있는 경우 '이상하다! 왜 그럴까?' 하는 물음이 내발하여 능동적으로 묻고 사고하는 본성을 가지고 있다.

이 본성을 이용하여 어린이들을 스스로 묻는 주체로 전환시켜, 사고하게 하는 방법에 '속임수'라는 방법을 사용하는 기술이 있다.

다시 말하면, 어린이들을 잠시 속임으로써 '이상하다! 왜 그러지?' 하는 묻는 주체로 전환시켜 능동적으로 사고케 함으로써 사고력을 기르자는 것이다.

예를 들어 본다.

수학과의 도형 교재에 '각'이 있다.

'한 점에서 그은 두 직선으로 이루어진 도형을 각이라고 한다.'는 학습을 마친 어린이들에게 그림과 같이 그린 자료를 칠판에 붙인다.

"그림의 A와 B의 두 각은 어느 쪽이 더 큽니까?"

이 물음에 대하여 대부분의 어린이들이 B쪽이 크다고 응답한다.

"B쪽이 정말 더 큰지 다시 한번 살펴봅시다."라는 지시에 따라 다시 살펴보고도 B쪽이 크다고 말한다.

칠판에 정리되어 있는 '각의 정의'를 다시 한번 읽

히고 "어느 쪽이 큽니까?" 하고 묻는다.

철수가 먼저 큰 소리로 말한다.

"A도 B도 각이 아닙니다."라고 말한다.

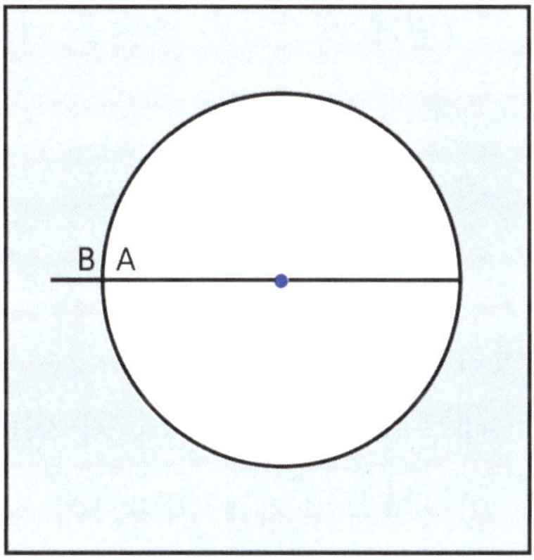

(그림 6)

여기에서 그 까닭을 말하려는 철수의 말을 저지시키고, "철수의 생각이 옳은 생각인지, 옳지 않은 생각인지 생각해 보세요."라고 지시한다.

전원이 생각에 잠긴다.

"옳다고 생각하면 ○표, 옳지 않다고 생각하면 X표 하세요."

이 지시에 전원이 잠시 생각에 잠기고 이윽고 OX로 판정 기록한다.

"○한 어린이는 일어서세요."라고 지시한다.

전원이 일어선다.

"그렇게 생각하는 까닭을 다시 한번 생각해 보세요."라고 지시한다.

전원이 한동안 생각한다.

"까닭을 설명할 수 있는 어린이는 앉으세요."라고 지시한다.

대부분이 앉고 5명이 서 있다.

앉아있는 순자를 지명하여 설명하도록 지시한다.

순자는 스스로 칠판으로 나가 자료를 가리키며 A・B의 원의 둘레인 부분을 가리키며 "여기는 직선이 아닙니다."라고 말하고, 판서돼 있는 '각'의 정의를 가리키며 읽는다.

"한점에서 그은 두 직선으로 이루어진 도형을 각이라고 한다."

서 있는 5명 어린이에게 지시한다.

"순자의 말이 옳다고 생각하면 앉으세요."

모두 착석한다.

'속아 넘어가기 쉬운 자료'로 26명 어린이 전원이 각의 정의를 제대로 학습할 수 있었다.

10) OX로 평정한다

전원이 참가하고 전원이 사고하여, 전원이 제대로 학습하는 그런 수업을 하고자 하는 생각은 수업하는 교사이면 누구나 가지고 있는 소망일 것이다.

그런 수업을 실현하기 위한 노력의 하나를 논의하고자 한다.

OX법이 그것이다.

부연하면 제기된 문제에 대한 해답을 제시하고 그 해답에 대하여 어떻게 생각하는가를 O(긍정), X(부정) 중에서 선택하여 응답하는 방법이다.

예를 들어 본다.

4학년 국어과 교재 '아름다운 싸움'이라는 글의 주인공인 고물 장수는 싼 값으로 사온 고물을 분류하는 중에 굴러 나온 금덩이를 보고 큰 부자가 되었다고 크게 기뻐하였다.

그런 가운데서도 주인이 고물 속에 금덩이가 들어 있는지를 모르고 판 것이 틀림없으니 돌려주어야 한다고 생각하였다.

그런 한편에서는 비록 싼 값이지만 돈을 주고 사온 것이니 내 것이 틀림없다고 생각하였다.

서로 다른 두 가지 생각으로 고민하는 가운데 며칠이 지난 후에 주인에게 돌려주기로 작심하고, 주인을 찾아가 그 뜻을 전하였다.

주인은 고물장수의 정직함에 감동하여 "돈을 받고 판 것이니 그것은 당신의 것이요."라고 말하며 받지 않았다.

이 수업을 어떻게 전개할까?

① 전원으로 하여금 교재 내용을 정확하게 파악하도록 하기 위하여, 미리 준비한 다음과 같은 자료를 칠판에 게시하여 읽게 한다.

> • 고물 장수의 말과 행동으로 미루어 그는 어떤 마음을 가진 사람이라고 생각하는가?

② 교재 내용 파악을 위하여 몇 가지 문답을 한다.

③ 미리 준비하여 둔 자료를 칠판에 게시하여 읽게 한다.

- 고물 장수는 정직한 사람인가, 아닌가를 OX로 나타내시오.
- 그렇게 생각하는 근거를 15자 내외로 적으시오.
- 위의 작업을 5분 내로 마치고, 칠판에 OX로 나타내시오.

이후의 수업은 선생님들 각자의 방법으로 전개하면 전원이 능동적으로 참가하고 사고하는 수업으로 이루어질 것으로 기대된다.

여기에서 OX법의 메리트에 대하여 고찰하기로 한다.

사람이 이웃의 말이나 행동에 관심을 갖는 때는 자신도 이웃과 똑같은 문제에 대하여, 자기 나름의 생각, 곧 자기 나름의 해답을 가지고 있을 때이다.

다시 말하면 인간은 누구나 어떤 문제에 대하여 자신의 생각, 곧 입장이 확실히 마련되어 있을 때는 그것에 대한 이웃들의 생각이나 입장에 대하여 흥미와 관심을 갖고 경청하며 생각하는 본성을 가지고 있다.

OX의 어느 한편에 섰을 때 상대편의 생각이나 입장에 대하여 큰 관심과 함께, 그것을 논파하고자 사고 활동을 스스로 하게 되는 것은 위에서 논한 인간의 본성에 의한 것이다.

다음으로 OX법은 사고의 깊이나 넓이에 개인차가 있지만, 누구나 그중의 하나를 선택할 수 있는 기법이다.

따라서 하나의 열외자도 없이 전원이 참가하여 사고하는 학습이 성공적으로 이루어지기 쉬운 학습 방법의 하나이다.

수업이 교사의 본의는 결코 아니지만, 결과적으로 제대로 학습하는 A군과 학습을 불완전하게 하거나 실패하는 B군의 양군으로 분열되는 일반적인 현실을 극복함에 있어 OX법의 의미를 가볍게 보아서는 안 되겠다고 생각한다.

수업의 최종 목표는 어린이 각자의 사고력을 기르는 일이며, 사고력은 각자가 직접 그리고 실제로 사고함으로서만이 길러지는 능력임에 비추어 볼 때 OX법을 가볍게 볼 수 없는 까닭을 이해할 수 있을 것으로 생각된다.

이상에서 본 바와 같이 어린이들의 심진을 일으켜, 지적 행위의 능동적 주체로 전환시키는 장치로서 높은 평점을 주어도 좋은 장치의 하나가 OX평정법이다.

11) 진지한 논의 끝에 얻어낸 결론을 부정하여 버린다

어린이가 가진 바 전지와 전능을 다하여 진지하게 사고하는 때는 어떤 경우일까?

여러 가지 경우가 있지만, 그들의 생각을 부정당하였을 때도 능동적으로 생각하지 않을 수 없게 되는 때의 하나이다.

그 예 하나를 사회과 수업 가운데에서 들어보기로 한다.

필자가 교사 시절의 4학년 사회과에는 '안전한 부산항'이라는 교재가 있었다.

항구는 태풍이 오면 크고 작은 배들의 피난처이기도 하므로 배들의 안전한 피난을 위한 조건을 갖추고 있어야 하는데, 부산항은 그 앞의 영도라는 큰 섬이 있어 그런 조건을 제대로 갖추고 있어서 매우 안전한 항구라는 요지의 설명과 함께 부산항 근처의 지도가 함께 게재되어 있었다.

부산항이 안전하기로 유명한 항구임을 이해하기 쉽도록 교과서가 갖추어져 있어, 어린이들은 쉽게 이해할 수 있었다.

이 시점에서 필자는 “순이”(본서의 맨 끝장에서 논의하게 되는 실존하지 않는 가상의 어린이)를 등장시켜 안이한 상황에 있는 어린이들로 하여금, 사고하지 않을 수 없도록 다음과 같이 수업한 바가 있어 소개하기로 한다.

“여러분은 부산항은 영도가 위험한 태풍으로부터 지켜주고 있으므로, 안전항 항구라고 생각하고 있지요. 그런데 선생님이 이전에 근무하였었던 학교에서도 여기를 수업하였는데, 부산항을 결코 안전한 항구가 아니라는 반대 의견이 나왔어요.”

“그때 이야기를 하여 줄 테니 여러분도 부산항은 정말로 태풍으로부터 안전하기만 한 항구인가 생각하여 보세요.”라고 말하고, 다음과 같이 말하였습니다.

“태풍이 남쪽에서 불어올 때는 영도가 막아주어서 부산항은 틀림없이 안전한 항구입니다. 그러나 (지도를 가리키며) 지도에서 본 바와 같이 태풍이 남쪽이 아니라 남동쪽에서 불어오면 막아주고 있는 섬이 없으므로 그대로 항구 안으로 불어 들어가게 됩니다. 태풍은 언제나 남쪽에서만 불어오는 것이 아니며, 남동쪽에서도 불어올 것입니다. 그러므로 부산항은 안전하기만 한 항구가 아닙니다."

이런 반론을 펴 주었다.

어린이들은 고개를 끄덕이며, 공감하여 주었다.

"그러므로 부산항은 결코 안전하기만 한 항구가 아닌데, 그럼에도 불구하고 '안전한 항구'로 유명한 까닭은 무엇인지를 생각하여 봅시다."

새로운 문제에 당면한 어린이들은 모두 부산항의 지도를 살피게 되었다.

그러는 가운데 '이 기호는 무엇을 나타내는 기호인가?' 하는 질문이 나왔다.

'방파제'의 기호였다.

어린이들은 남동쪽에서 밀려오는 파도는 방파제가 막아주고 있음을 이해하게 되었다.

진지한 논의 끝에 얻어낸 결론을 부정하여 버리는 정보를 줌으로써 심진을 일으키는 기술의 하나를 논의하였다.

12) 예상과 어긋나는 정보에 접하게 한다

전술하였지만, 사람은 예상과 어긋나는 정보에 접하게 되면 지적 균형을 잃고, 잃어버린 균형을 회복하기 위한 노력, 곧 사고 활동을 하게 되는 본성을 가지고 있다.

그 효과적인 기술의 하나가 '예상과 어긋나는 정보에 접하게 하는 방법'이다.

예를 들어본다.

(그림 7)에서 보는 바와 같이

물 20cc + 물 20cc를 합하면 물 40cc가 되고,

알코올 20cc + 알코올 20cc 하면 40cc가 된다.

이어서 (그림 8)과 같이 '물 20cc + 알코올 20cc는 얼마가 될까?' 하고 물으면

당연히 40cc가 된다

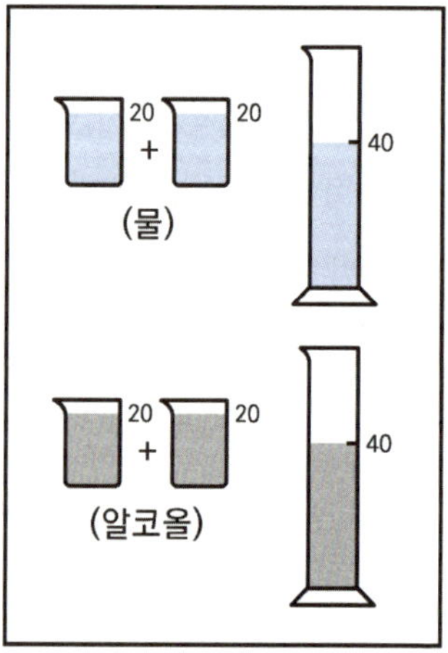

(그림 7)

고 응답한다.

그런데 (그림 8)과 같이 실험하니 40cc가 되지 않는다.

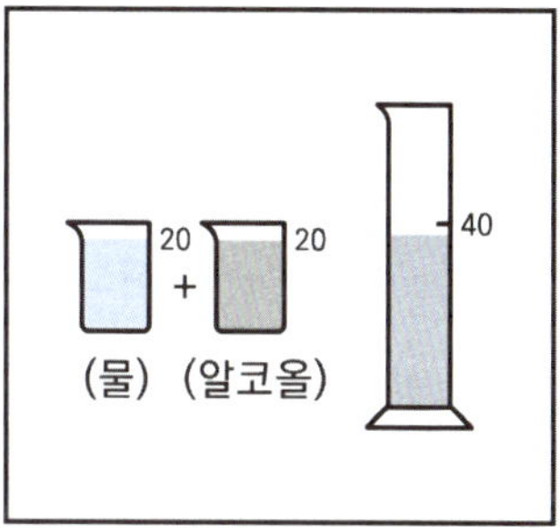

(그림 8)

이 현상을 본 어린이들은 깜짝 놀라며, 혹 교사가 속임수를 쓰고 있는 것이 아닌가 생각하여 그들이 직접 실험하고 싶어 한다.

교사가 바라고 있던 바이므로 미리 준비하여 놓은 실험도구를 두 사람 앞에 한 벌씩 배부하여 실험하게 한다.

실험을 통해서 모든 어린이는 의심할 여지가 없는 사실을 보고, 어찌하여, 40cc가 되지 않는가에 대하여 강한 문제의식을 갖게 되었다.

사람은 일단 문제의식을 갖게 되면 사고하는 능동적 주체로 전환되어 각자의 전지를 다 하여 사고하는 능동적 주체로 변용되어 버린다.

13) 혼잣말하면서 사고하도록 한다

인간은 참으로 여러 가지 경우에 여러 가지 방법으로 사고하는 존재이다.

그 방법의 하나로 혼잣말을 하게 함으로써 스스로 사고하도록 꾀하는 방법이 있는 바, 이에 대하여 생각하여 보기로 한다.

누구나 한 번쯤은 경험하여 본 일이 있었을 것으로 생각되는 방법이다.

부딪힌 문제를 해결하여야 할 때 풀릴 듯하면서도 풀리지 않는 어려운 문제에 부딪혔을 경우에 자신도 모르는 가운데 혼잣말을 하면서 사고하고 있는 자신을 발견한 경험을 하였을 것으로 생각한다.

문제를 해결하는 과정에서 마치 듣는 상대가 앞에 있어 그에게 말하듯 자신의 생각을 혼잣말하며 사고하여 나가는 것이다.

자기 자신과 대화하며 풀어 나가는 것이다.

필자는 그런 경우에 일부러 혼잣말하고, 그것을 노트에 기록하면서 사고하곤 하는데, 그러면 잊었던 일이 생각나고, 문제의 해결 방법이 떠오르곤 한다.

어느 문헌에서 읽었던 일이 지금 생각나는데 기억을 더듬어 보기로 한다.

언어는 상대에게 의사를 전달하기 위해서 사용되고, 사고할 때 사용되지만, 그 밖에 다른 역할도 하고 있는 바 '혼잣말'이 그것이다.

그 하나는 자신이 행한 행동을 확인하는 혼잣말이 있으며, 다른 하나는 사고하는 과정에서 거의 무의식 중에 혼잣말하면서 사고하게 되며, 매우 효과적인 방법이라는 것이다.

위에서 언급하였지만 필자도 경험을 통해서 위의 말이 옳은 말이라고 생각하고 있다.

여기에서 테니스 선수에게서 들은 이야기를 소개하고자 한다.

테니스 선수의 서브 연습의 경우의 이야기이다.

상대가 리시브하기 어렵게, 그러면서 라인에 빠듯하게 처넣는 연습 때의 이야기이다.

서브를 넣었을 때 목표보다 어느 방향으로, 얼마만큼 빗나갔는가를 혼잣말로 한다고 한다.

'오른쪽으로 20cm 빗나갔다.'와 같이 자신의 동작의 구체적인 오차를 혼잣말한다고 한다.

그러면 뇌는 다음에 하는 동작을 수정하여 다음 동작을 하게 되므로 동작의 정확도를 높이게 된다고 한다.

이때 단순히 '라인 안에다 넣어야 한다.'는 혼잣말로는 행동 수정은 이루어지지 않는다고 한다.

'오른쪽으로 20cm 빗나갔다.'와 같이 자신의 동작의 구체적인 오차를 혼잣말하여야 한다고 한다.

14) 하나의 생각을 지지하는 자신과 부정하는 자신이 염두 토론한다

우리가 사고하는 경우에 두 가지가 있다.

하나는 혼자서 사고하는 경우와 다른 하나는 이웃과 더불어 사고하는 두 가지 경우가 있는바, 여기에서는 전자의 경우, 곧 혼자서 사고하는 경우에 한하여 논의하고자 한다.

혼자서 사고하는 경우에도 두 가지가 있다.

하나는 자신과 또 하나의 자신이 마주 보고 대화함

으로써 어떤 생각을 얻어내는 경우이다.

다른 하나는 한 사람이 어떤 일에 서로 모순되는 두 가지 생각을 가지고 있는 경우이다.

한 사람이 어떤 한 가지 일에 대하여 긍정적인 생각을 하고, 그런가 하면 같은 그 일에 대하여 부정적인 생각을 하고 있는 것이다.

그러니까 한 사람이 똑같은 하나의 일에 대하여 옳다는 믿음과 옳지 않다는 믿음을 동시에 가지고 있는 것이다.

어느 한 쪽을 선택하지 못하고 두 가지 생각 사이에서 갈등하며 생각을 거듭하고 있는 것이다.

이와 같이 자신과 또 하나의 자신이 머릿속에서 마주 보고 하는 토론을 이 글에서는 염두(念頭) 토론이라고 부르기로 한다.

예를 들어 본다.

교재: 4학년 도덕과 '혜영이의 고민'

수학과 평가 시간이었다.

혜영이는 모든 문제를 쉽게 풀어버렸는데, 맨 끝의 한 문제가 아무리 생각해도 풀리지 않았다.

평소에 아주 쉽게 풀 수 있었던 문제일 뿐 아니라, 짝꿍인 순이가 모르고 있는 것을 가르쳐 주기도 하였는데, 어찌 된 일인지 좀처럼 생각이 나지를 않았다.

너무 답답하여 가슴을 펴는 순간 짝꿍인 순이의 답안이 눈에 들어 왔다.

'아! 바로 저것인데! 어찌하여 생각이 안 났지? 내가 너무나 잘 알고 있을 뿐 아니라, 순이에게 가르쳐 주기도 했는데!?'

그렇게 생각하고 답안을 쓰려고 하는데, 그 순간 그의 마음속에서 '그것은 커닝이다!'라는 소리가 들렸다.

'그렇지만 내가 너무나 잘 알고 있는 문제일 뿐 아니라, 순이도 내가 가르쳐 주어서 알게 된 문제이다. 그러므로 비록 순이의 답을 보고 생각이 떠올랐다 하더라도 어쩌다 생각이 막혀서 그러한 것일 뿐 처음부터 몰랐던 문제가 아니므로 답안을 쓰는 일은 결코 커닝이 아니다!'라는 응수를 하였다.

그러자 ‘한 점 더 맞지 못하는 일이 부끄러운 일이 아니라, 커닝하는 일이야말로 부끄러운 일일 뿐 아니라, 이 한 번의 커닝이 앞으로 두고두고 부끄러운 기억으로 남게 될 것이다.’라는 대응하는 목소리가 귀에 울렸다.

이렇게 긍정파의 자신(이하 Ⓐ라 약칭함)과 부정파인 자신(이하 Ⓑ라 약칭함)이 논쟁하는 것이다.

이 교재는 위와 같이 어린이들로 하여금 도덕적 논쟁과 판단을 하도록 전개하는 것이 이 교재 해석의 하나가 될 것으로 생각한다.

어린이들을 교사가 원하는 때에 원하는 내용을 능동적으로 사고하는 주체로, 사고하는 당사자로 전화(轉化)시키기 위해서는 위와 같은 가치 갈등 상황, 곧 어느 한 쪽의 가치를 선택하기 어렵도록 상황을 조성하는 것도 효과적인 방법의 하나라고 생각한다.

각자의 내부에서 서로 다른 생각을 가진 Ⓐ와 Ⓑ를 실컷 염두 토론하도록 꾀하였으면 한다.

15) 가려 놓고 호기심을 북돋는다

어린이를 포함한 모든 사람은 무한한 호기심을 가지고 있는 호기심 덩어리인 존재이다.

지금까지 본 적이 없는 것을 보면 '이상하다! 무엇이지?' 하는 호기심이 내발하고, 그것이 무엇인지를 확인하기 위하여 가진바 지식, 상식, 경험을 모두 활용하여, 스스로 생각한다.

수업은 어린이 각자로 하여금 사고하게 함으로써 사고력을 기르는 일인데, 그들로 하여금 스스로 사고하도록 하는 일이 여간 어려운 일이 아니다.

어린이들은 교사가 원한다고 하여, 원하는 대로 호락호락 사고하여 주는 그런 편리한 존재가 아니기 때문이다.

그런데 다행히도 일단 호기심이 유발되면 누구도 지시하지 아니하여도 문자 그대로 스스로 사고하는 본성을 가지고 있으니 다행한 일이 아닐 수 없다.

아닌 게 아니라 어린이들은 참으로 호기심 덩어리이다.

교사가 평소와는 조금 다른 것, 곧 쇼핑백 하나를 들고 들어가도 그것에 시선이 모아지고 그것을 주시하며 그러느라 조용해진다.

단지 주시하는 데 그치지 아니하고 그것이 무엇인지 상상한다.

그것이 무엇인지 확인될 때까지 생각한다.

여기에서 예를 들어 본다.

교사가 그림과 같은 쇼핑백 하나를 들고 교실로 들어간다.

어린이들은 예외 없이 전원이 '무엇이 들어있지?'하는 짙은 호기심을 가지고 스스로 생각하게 된다.

비어 있는 쇼핑백 하나만 들고 들어가도 호기심을 내발하여 상상하는 그들인데, 이름 모를 꽃이 내다보

(그림 9)

고 있으니 문자 그대로 능동적으로 상상하는 주체로 전환돼 버리는 것이다.

교사는 밖을 내다보고 있는 꽃을 가리켜 "이 꽃의 이름은 무엇일까요?" 묻고, 이어서 "이 꽃의 뿌리는 어떻게 생겼는지 상상하여 그림으로 그려 보세요."라고 지시한다.

어린이들은 저마다 상상하여 그린다.

모두가 그렸음을 확인한 후 서서히 들어 내보인다.

누구도 제대로 그리지 못하였음을 확인하고, "그러면 이번엔 이 꽃의 진짜 뿌리를 보고 그대로 그리세요?"라고 지시한다.

"인간은 노출 직전의 것에 호기심을 갖는다."는 말이 있지만 이와 같은 인간의 호기심이라는 본성을 수업에 살려 적용한 수업 사례의 하나이었다.

16) 불완전한 자료를 제공한다

사람은 누구나 자신이 알고 있는 바와 다른 것을 보거나 들으면 '앗! 이상하다?', '어찌 된 일일까?' 하는 물음을 갖게 된다.

'이상하다? 어찌 된 일일까?' 하는 물음을 갖는 데 그치지 아니하고, 스스로에게 묻고 그에 대한 각자 나름의 생각, 곧 각자 나름의 잠정적 해답을 마련하기도 한다.

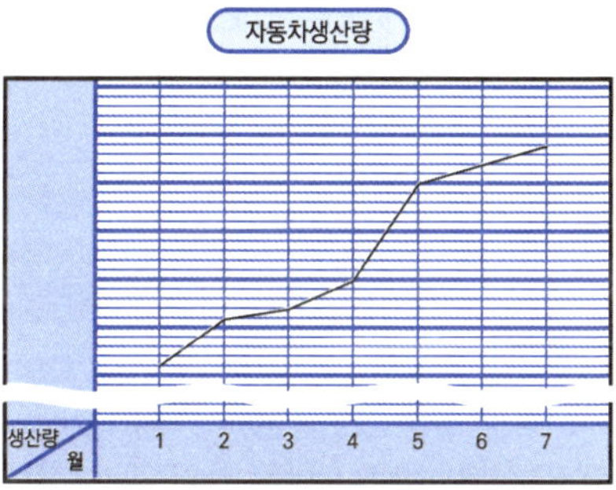

(그림 10)

어린이들을 비롯한 모든 사람은 이런 본성을 가지고 있는 바, 불완전한 자료를 제공함으로써, 어린이들 각자를 교사가 원하는 때에 원하는 내용의 활동과 사고를 스스로 하는 주체로 전환시킬 수 있다.

예컨대 수학과에서 표를 읽는 방법의 지도를 일단 마치고 난 뒤에 그것을 익히는 지도의 일환으로 (그림 10)을 제시하여 "6월에 자동차는 몇 대가 생산되었을까요?"라고 묻는다.

이럼으로써 어린이들은 표에는 가로축과 세로축의

내용과 수치가 명시돼야 함을 재학습하게 된다.

이어서 (그림 11)을 제시하여 "이 표에는 결함이 있으니 찾아내시오?"라고 지시한다.

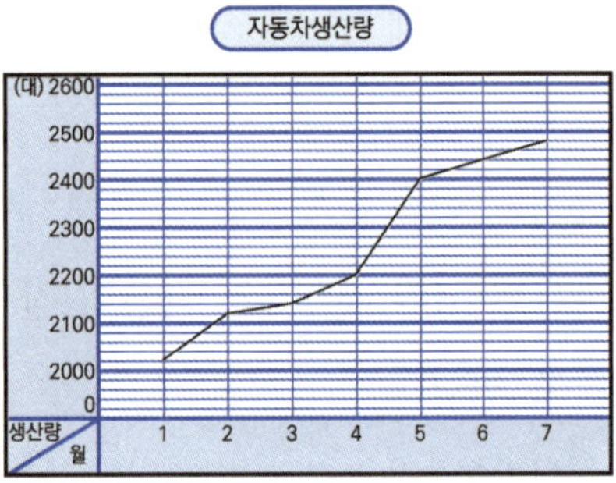

(그림 11)

생산량의 0~2000 사이의 눈금 하나의 크기가 400이 되는 잘못을 발견하도록 하고 이는 (그림 10)의 생략선을 활용하여 바르게 그리는 방법을 지도한다.

미완성의 것, 불완전한 것을 제시함으로써, 의문을 내발케 하여 기지(既知)를 활용하여 보완하고 찾아내곤 하는 사고 활동을 스스로 하도록 꾀한 것이다.

설명문의 구조를 지도하였던 6학년의 국어 수업에서 예를 하나 더 들어 보기로 한다.

수업의 첫머리에서 대뜸 다음과 같은 글을 배부한다.

㉮ 이와 같이 피부에는 외부로부터의 여러 가지 자극을 알아차리는 능력이 있습니다.

㉯ 바느질을 할 때 실수하여 바늘에 찔리면 「앗 아팟!」 하고 느낍니다.

㉰ 피부는 우리의 생명을 지켜 주는 아주 예민한 파수병이라는 사실을 새삼스럽게 알았습니다.

㉱ 또 훨훨 불타고 있는 난로에 손이 닿으면 「앗 뜨거워!」 하고 느낍니다.

㉲ 얼음이 닿으면 차다는 것을 느끼며, 뭔가가 닿으면 닿았다는 것을 느낍니다.

㉳ 여러분은 피부가 어떤 일을 하는지 생각하여 본 일이 있습니까?

일독한 어린이들은 '아! 이상하다?'고 생각하며 다시 읽는다.

그래도 이상하여 또 한 번 읽어 본다.

그런 끝에 '아! 문단의 배열 순서가 잘못돼 있는 글이다.' 하는 사실을 찾아내게 된다.

그러는 과정에서 스스로 '문단의 배열 순서가 제대로 이루어지지 않으면 뜻의 전달이 제대로 이루어지지 않는구나!' 하는 사실을 스스로 깨닫게 된다.

이어서 문단별로 잘라서 책상 위에다 제대로 배열하여 보도록 지시한다.

어린이들은 잘려진 문단 조각을 이리저리 배열하는 작업을 하는 과정에서 글이란 몇 개의 문단으로 이루어지고, 그 문단은 배열에 순서가 있으며, 그것이 제대로 이루어졌을 때 비로소 글이 뜻하는 바를 올바르게 전달된다는 사실을 발견하게 된다.

문단의 배열 순서를 바꾸어 놓는 하나의 '장치'를 함으로써 말 그대로 스스로 많은 사고 활동을 흥미있게 할 수 있는 것이다.

여기에 어린이들을 스스로 움직이는 주체로 전환시키기 위해서는 교재에 심진을 일으키는 장치를 하여야 하는 필요성을 이해할 수 있다.

17) 허위 정보를 제공한다

어린이들의 심진을 일으켜 사고하게 함으로써 사고력을 기르는 방법에는 여러 가지 방법이 있지만, 허위 정보를 줌으로써 심진이 내발되도록 하는 방법이 있다.

허위 정보를 줌으로써 심진을 일으켜 전원으로 하여금 사고하게 한 수업 사례를 소개하기로 한다.

3학년 국어과 교재 중에 '두 마리의 염소'라는 이솝 이야기가 있다.

두 마리의 염소가 외나무다리 위에서 마주쳐 서로 비키라고 오기를 부리며 뿔싸움을 하다가, 함께 깊은 물에 빠져서 허우적거리며 후회한다는 이솝 이야기이다.

이 교재를 다룰 때의 발문의 하나에 어린이들에게 허위 정보를 줌으로써 전원으로 하여금 사고토록 꾀한 일이 있다.

"흰 염소와 검은 염소 중의 한 마리는 반드시 먼저 건너지 않으면 아니 되는 사정이 있습니다. 두 마리의 염소 중의 어느 염소일까요?" 하는 발문이었다.

이 발문을 받은 어린이들은 모두가 교과서의 본문을 읽기 시작하였다.

글 가운데에 물음의 답이 있을 것이기 때문이다.

읽어 보아도 그럴만한 표현이 없으니 다시 읽어 보

고, 다시 읽어 보아도 그 실마리도 없으니 "그런 염소는 없습니다."라고 응답한다.

"있습니다. 글 속에 숨어 있을지도 모릅니다."

어린이들은 하나의 열외자도 없이 집중적으로 글을 읽는다.

이어서 다음 물음을 던진다.

"여러분은 두 마리의 염소, 곧 흰 염소와 검은 염소 중의 누구의 편이 되고 싶습니까? 어느 한쪽을 자기 편으로 할 것인지를 정해 보세요."

정한 상황을 거수시켜 확인한다.

거의 절반씩이 된다.

"자기편을 정했으면 다시 한번 글을 읽고 누가 먼저 건너야 하겠는가를 생각하여 봅시다."

"묻겠습니다. 반드시 먼저 건너야 하는 염소는 어느 쪽입니까?"

어린이들의 반응은 이번에는 완전히 달라진다.

서로 자신이 편들고 있는 염소가 먼저 건너야 한다고 우긴다.

"여러분은 지금 각자가 검은 염소와 흰 염소가 되

었습니다."

"두 염소가 외나무다리에서 만났습니다. 상대에게 먼저 건너도록 양보하겠습니까? 내가 먼저 건너야 한다고 우기겠습니까?"

전원이 자신이 먼저 건너야 한다고 우긴다고 주장한다.

"어찌하여 그렇게 꼭 이겨야 합니까? 이겨야 하는 까닭을 노트에 적어 봅시다. 노트에 적기를 끝내면 각자의 생각을 짝꿍에게 말하여 봅시다. 서로 다른 생각이면 자기 생각을 짝꿍이 알아듣고 생각을 바꾸도록 설명합시다. 서로 생각이 같으면 둘이서 또 다른 더 좋은 이유를 생각하여 봅시다. 짝꿍과의 이야기가 끝나면 바뀐 생각을 노트에 열 자 내외로 정리하세요. 정리를 끝냈으면 두 사람이 함께 가지고 나오세요."

나온 차례로 빨강 색연필로 짙고 큰 동그라미를 그려주고, 칠판 한쪽에서부터 차례로 세로쓰기로(여러 사람이 판서할 수 있도록 세로쓰기로) 판서하도록 지시한다.

• 지면 부끄럽다.

• 반드시 이겨야 한다.

• 지면 기분 나쁘다.

엇비슷한 생각이 판서 돼 나간다.

아직 생각을 정리하지 못한 어린이들은 칠판의 기록을 보고 자신의 생각을 마련하여 노트하도록 도움말을 준다.

"칠판이 좁아서 판서하지 못한 어린이는 기왕에 판서 돼 있는 생각 가운데에서 자신의 생각과 같거나 비슷한 생각을 찾아 그 밑에다 자기의 자석 이름표를 붙이세요."

이렇게 하여 전원이 자신이 이겨야 하는 까닭의 판서를 마치게 되었다.

이어서 전원이 판서 내용을 왼쪽부터 차례로 읽어 나간다.

읽기를 마치고 나서 "읽고 나니 생각이 바뀐 어린이는 바뀐 생각을 노트하세요."라고 지시한다.

이어서 A4 용지를 길게 4등분한 카드 한 장과 보드

마커펜 한 자루씩을 분배하여 노트해 놓은 각자의 생각을 되도록 짧게 요약하여 세로로 기록하도록 지시한다.

쓰기를 마친 시점에서 철수에게 자신의 카드를 칠판의 소정의 장소에 붙이고 발표하도록 지시한다.

이어 "내용이 철수의 생각과 같거나 비슷하면, 카드를 가지고 나와 선생님께 주세요."라고 지시한다.

가지고 나온 카드를 받아 모아 철수의 카드 아래에다 자석으로 눌러 붙인다.

이어서 정이로 하여금 위의 철수의 경우와 같은 방법으로 카드를 칠판의 소정의 장소에 붙이고 설명하도록 하고, 정이의 생각과 같거나 비슷한 생각의 카드를 받아 모아 정이의 카드 아래에다 자석으로 눌러 붙인다.

이하 같은 요령으로 내용이 같거나 비슷한 카드를 모아 붙임으로써 전원의 생각을 분류하였다.

결국 '지면 부끄럽다'(18명), '이겨야 재미있다'(9명), '자존심을 지킨다'(3명)의 세 가지 생각으로 정리되었다.

'자존심을 지킨다'는 독서를 많이 하는 명수가 판서한 것을 보고 2명이 본받아 쓴 것으로 생각되었다.

명수에게 '자존심을 지킨다'는 말을 설명하게 하고, 보충 지도하였다.

'지면 부끄럽다', '이겨야 재미있다'의 생각과 '자존심을 지킨다'의 같은 점과 다른 점을 이야기 나누었다.

이어서 이웃들의 발표를 듣고 생각을 바꾸고 싶은 어린이는 고쳐 쓰도록 권하였듯이 전원이 '자존심을 지킨다'로 바꿔 쓰게 되었다.

결국 이 이야기는 '자존심을 지키기 위한 오기를 부린 두 마리의 염소 이야기'라는 생각으로 모아지게 되었다.

이 사례를 여기에서 인용한 것은 '허위정보를 제공함으로써 어린이들의 심진을 일으켜 스스로 사고하지 않을 수 없게 전환시키는 효과를 얻을 수 있음'을 말하고자 한 것이었다.

18) 구체물을 제시함으로써 물음이 내발토록 한다

수업 상황에서 어린이들의 흥미, 관심, 호기심, 의문의 대상이 되는 것의 으뜸은 실물이다.

일상생활의 주변에서 흔히 보고 있는 꽃이지만, 교사가 들고 들어오는 한 송이 꽃은 어린이 전원의 주목의 대상이 된다.

이런 현상은 비단 꽃뿐만 아니라 수업에 등장하는 모든 실물은 어린이들의 흥미, 관심, 호기심, 의문의 대상이며, 사고하고 탐구하는 대상이 되고 있다.

이와 같이 어린이들은 뭔가 실물이 있는 사실만으로 시선을 집중하게 되며, 그것에서 '아! 이상하다?' 하는 점을 발견하게 되면, 그것이 무엇인지, 어찌하여 그러한지 알기 위하여 스스로 이모저모로 살피며 사고하게 된다.

어린이들이 스스로 흥미, 관심, 호기심, 의문을 갖는 것은 실물뿐만은 아니다.

그림, 도표, 모형 등등에도 그렇게 대응하게 된다.

이와 같이 어린이들의 흥미, 관심, 호기심, 의문을

유발하게 함에 있어 효과적인 것은 실물을 비롯하여 사진, 도표, 모형 등 이른바 구체물이다.

어린이들 중에서도 특히 저학년의 시선을 모으는 가장 효과적인 것은 역시 구체물이다.

필자는 선생님들과 수업에 관한 이야기를 나눌 때 늘 하는 말이 있다.

'지금 하고 있는 수업보다 조금만 더 좋은 수업을 하고 싶으시면 구체물을 가지고 교실에 들어 가십시오.'라고 말하고 있다.

하여간에 어린이들이 구체물을 보는 데 그치지 아니하고 만져보게 하고 다루어 보게 하면 그 집중도는 더욱 높아진다.

구체물을 제시함으로써 어린이들은 스스로 흥미, 관심, 호기심, 의문을 가지고 집중할 뿐 아니라, 골똘히 사고하게 된다.

350여 년이나 전에 루소는 "에밀"에서 "나는 말로 하는 설명을 좋아하지 않는다. 연소자들은 그것에 그다지 주의를 기울이지 않으며 거의 기억하지 못한다. 실물, 실물, 우리는 언어에 지나치게 의존하고 있다."

고 말하고 있다.

루소의 탁견(卓見)에 경의를 표하지 않을 수 없다.

여기에서 구체물을 제시함으로써 지적 작업을 스스로 하게 한 과학과 수업 사례 하나를 더 소개하기로 한다.

산소와 이산화탄소를 학습하는 수업의 도입 부분의 수업 사례이다.

그림 ①과 같이 밑바닥을 잘라버린 입이 큰 플라스틱제의 투명한 병을 준비한다.

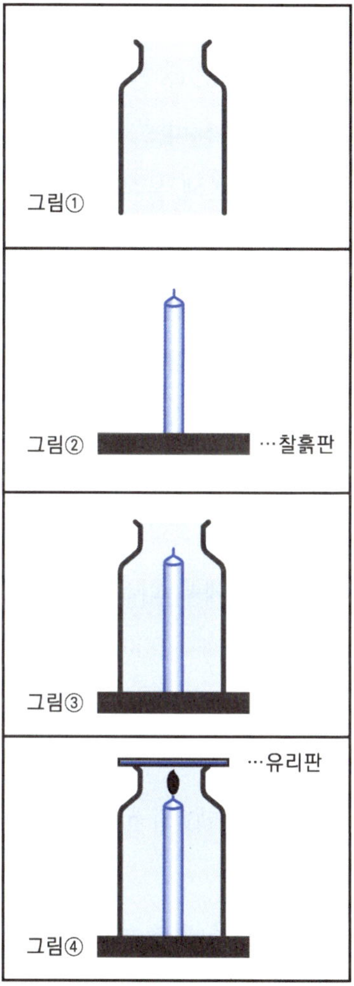

(그림 12)

이어서 그림 ②와 같은 찰흙판을 마련하여 초를 세우고, 그림 ③과 같이 그림 ①의 밑바닥이 잘린 병으로 초를 덮는다.

그리고 초에 불을 붙인 다음 한참 동안 촛불이 타는 모습을 관찰하도록 한다.

잠시 후에 그림 ④와 같이 유리판으로 덮으면, 촛불에 어떤 변화가 생길까 묻는다.

당연히 어린이들은 촛불이 꺼진다고 응답한다.

유리판으로 덮으니 촛불은 어린이들의 예상대로 꺼져버린다.

이 시점에서 다음과 같이 발문한다.

> 촛불이 타고 있는데 그림 ④와 같이 유리판으로 덮습니다. 그렇게 함으로써 촛불이 꺼지려고 하면, 그러니까 촛불이 꺼지기 직전에 유리판을 얼른 치워버립니다. 그러면 촛불은 꺼질까요? 꺼지지 않고 계속 탈까요?

이 발문을 던진 순간 어린이들의 머리는 활발하게 회전하기 시작한다.

어린이들을 묻는 주체로 전환시킴으로써 지적으로

사로잡아 버렸기 때문이다.

구체물을 제시함으로써 어린이 전원의 심진을 동시에 일으켜 지적 작업, 곧 사고 활동을 스스로 하지 않을 수 없도록 꾀한 것이다.

19) 가상 상황을 제시한다

어린이들로 하여금 사고하도록 하는 방법에 여러 가지가 있지만, 가상 상황을 제시하는 방법도 그 효과적인 수업 방법의 하나이다.

필자가 K시에서 실험 수업의 하나로 공개한 바 있는 수업의 하나를 소개하고자 한다.

4학년의 사회과에 '살기 좋은 우리 고장'이란 단원 중의 한 시간 수업이다.

우리 고장의 보건소, 우체국, 소방서, 교육청, 경찰서, 군청 등 관청들이 하는 일을 학습하는 단원이다.

그중에서 경찰서에서 하는 일에 대하여 알아보는 학습을 '가상 상황을 제시'하여 전개하였다.

이 수업의 전개 과정을 다음에 약기하고자 한다.

우선 경찰서, 경찰관 아저씨들의 일하는 모습을 촬영한 몇 장의 사진을 보인 후 '경찰관 아저씨들이 하는 일'을 알고 있는 대로 모두 기록하도록 하였다.

이어서 짝꿍끼리 기록 내용을 말하여 주고 듣기를 하였다.

이때 짝꿍의 발표 내용 가운데 자신은 미처 생각하지 못하였던 내용이 있으면 받아서 보충 기록하도록 지도하였다.

그리고 노트해 놓은 내용 중에서 가장 중요하다고 생각되는 내용을 선택하여 밑줄 치도록 하였다.

이어서 A4 용지를 짧게 4등분한 카드를 한 장씩 배부하여, 이 카드에다 앞서 밑줄 쳐 놓은 사항을 네임펜 등으로 굵은 글씨로 쓰도록 하였다.(이 작업을 되풀이하면 요약하는 능력과, 그것을 용지의 크기에 알맞은 크기의 글씨로 배열하여 기록하는 능력이 길러진다.)

그리고 의도적으로 선정 지명한 A어린이로 하여금 칠판상의 교사가 지정하여 준 곳에 카드를 자석으로 눌러 붙여 놓고 발표하도록 하였다.

이어서 기록 내용이 A어린이의 그것과 같거나 비슷한 어린이들을 일어서게 하며, 일제히 두 손으로 각자의 머리를 쓰다듬으며, '슬기로운 내 머리!'라고 말하며, 사고하여 준 자신의 머리를 쓰다듬어 주도록 하였다.

기록 내용이 다른 B, C, D... 어린이들의 생각도 모두 위와 똑같은 요령으로 처우함으로써 짧은 시간에 서로 다른 전원의 생각이 같은 생각끼리로 분류되었다.

이어서 K시의 경찰서가 제공한 다음과 같은 자료를 제시하여 설명하여 주었다.

2020년도 K시 범죄 발생 현황

범죄 종별	살인	강도	절도	강간	방화	폭력	지능	풍속
검거 건수	26	165	10,721	300	38	10,792	7,599	479

어린이들은 설명을 듣고 모두 깜짝 놀랐다.

특히 살인이 26건이나 발생하는 등 각자의 상상을 초월한 범죄 발생 현황을 보고 말 그대로 크게 놀라는 것이었다.

이어서 다음과 같은 가상 상황을 제시하였다.

> 오늘 아침에 이와 같이 여러 가지 일을 하고 있는 우리 K시의 경찰서를 비롯하여, 전국의 경찰서가 갑자기 없어져 버렸습니다. 뿐만 아니라 앞으로는 다시 경찰서를 둘 수 없게 되어 버렸습니다.
>
> 경찰서가 없는 우리 시의 앞날에 대하여 생각하여 노트에 기록하고, 이웃들과 이야기 나누어 봅시다.
>
> 이야기 나눈 내용 중에서 중요한 사항을 노트하세요.

교실 분위기는 가라앉고, 어린이들은 '그러면 큰일 난다.'는 혼잣말 등을 하며, 생각한 바를 정리하였다.

이렇게 적은 어린이들의 생각은 이 수업의 앞부분에서 이루어졌던 '경찰관 아저씨들이 하는 일'에 관한 발표 때 하였던 방법 그대로 다루었다.

어린이들은 K시의 범죄 발생 현황표를 가리키며 K시에 경찰서가 있어도 저렇게 많은 무서운 일이 일어나고 있는데 전국의 경찰서가 없어져 버리고, 계속해서 경찰서를 두지 않는다면 무서운 일이 얼마나 많이 일어날 것인지를 상상하였었다.

어린이들이 학습을 마치고 쓴 글에는 경찰서가 있어야 하는 필요성과 경찰관 아저씨들께 대한 감사의 말로 가득하였었다.

20) 선택지를 주어 사고하도록 한다

몇 개의 선택지를 제시하여 그중에서 요구하는 하나의 생각을 찾아내어 응답하는 방법을 흔히 '선다형'이라고 부르고 있다.

어린이들로 하여금 사고하도록 하는 방법의 하나로서 몇 가지 선택지를 주어 그 가운데에서 요구하는 생각 하나를 찾아내도록 하는 장치를 함으로써 심진을 일으켜 사고하도록 하는 기술이 이른바 '선다형법'이다.

주어지는 몇 개의 답지 중에서 어느 쪽이 옳은지 곧바로 판별하기 어렵게 마련함으로써 사고하지 않을 수 없도록 되어야 한다.

다음으로 그것을 마련할 때 유의하여야 할 점에 대하여 생각해 보기로 한다.

우선 지나치게 어려워도 안 되지만, 지나치게 쉬워도 사고력 육성의 목적을 달성하기 어려우므로, 그 난도를 알맞게 마련하여야 한다.

당장 판별할 수 있는 것도 아니지만 그렇다고 못할 것도 없을 만큼, 부연하면 문제 해결의 성패의 확률을 50%쯤의 난도로 만들어야 한다. 그렇게 마련된 답지 중에서 하나를 선택할 경우 그 근거를 확실히 하여야 한다.

그러나 확실한 근거에 의하여 선택하기 어려울 때는 짐작으로 선택하여야 한다.

짐작으로 마련할 경우라도 짐작한 까닭을 마련하도록 한다.

선다형 활동도 결국은 각자로 하여금 사고하도록 함으로써 사고력을 기르기 위해서 하는 일이기 때문이다.

다시 말하면 어떤 경우에나 어린이들의 응답은 옳은 답을 얻어 내는 일이 목적의 전부가 아니라, 그것을 계기로 하여 사고하도록 함으로써 사고력을 기르기 위해서 하는 일이기 때문이다.

자신이 선택의 주체이며 의사 결정의 주체라는 자각을 갖게 함에 있어 유효한 알맞은 난도의 선다형을 적절히 활용하였으면 한다.

문헌에 의하면 맹자는 사상(事象)을 판별하는 방법으로 '이자택일법(二者擇一法)'을 제창하였다 하며, 이를 인간의 사고에 맞는 가장 기본적인 사고 방법으로 생각하였다 한다.

여기에서 예를 하나 들어 보기로 한다.

• 다른 나라의 문화를 비판 없이 받아들인 민족이 역사에서 사라진 것은 다음 중의 어떤 일과 관련이 있을까요?
① 자기 나라의 정신을 잃어버렸기 때문.
② 전통 문화를 지키지 않고 잃어버렸기 때문.
③ 남의 나라의 좋은 점을 본받았기 때문.
④ 다른 나라와의 싸움에서 졌기 때문.

이어서 선다형의 장점을 살펴보기로 한다.

① 전원이 지적 기로에 세워짐으로써 사고하게 된다.

② 무엇을 생각할 것인지가 확실하다.

③ 전원이 사고하는 당사자가 된다.

④ 사고의 범위가 한정되어 있어, 집중적으로 사고할 수 있다.

21) 정의와 일치하는 것과 일치하지 않는 것을 섞어 놓는다

정의(定義)는 적용 범위가 넓은 지식이므로 정확하게 이해하고 있어야 한다.

따라서 정의는 여러 가지 방법으로 재학습이 이루어져야 한다.

여기에 도형의 정의의 경우를 예로 들어 논의하기로 한다.

'사각형'의 정의에 관한 학습을 일단 마치고, 그에 대한 재학습을 하는 경우의 예이다.

(그림 13)

(그림 13)과 같이 사각형의 정의에 일치하는 도형과 그러하지 않은 도형을 혼합하여 놓은 자료를 제시하여 양자를 분별하도록 하는 학습이다.

'네 개의 직선으로 이루어져 있으며, 네 개의 각을 가진 도형'을 사각형이라 함을 학습한 어린이들에게 그림과 같은 여러 가지 도형을 제시하여 그 가운데에서 사각형을 찾아내도록 하는 학습이다.

대부분의 어린이들은 도형 ㉮를 사각형으로 보지 않는다.

이로써 사각형의 정의를 제대로 이해하지 못하고 있는 실태를 파악할 수 있다.

학습의 성립 상황을 진단할 필요를 절감하는 사례라 하겠다.

정의와 일치하는 것과 그러하지 않는 것을 섞어 놓는 장치를 함으로써 심진을 일으켜 재사고케 하는 방법의 하나를 알아보았다.

22) 지적 기로에 세움으로써 망설이게 한다

산의 정상에 오르기 위하여 걸어 올라가던 등산객이 기로에 서게 되었다.

두 갈래 길에 서게 된 것이다.

일반적으로 발자국이 많은 쪽이 정상으로 가는 길인 것이 보통인데, 두 갈래 길의 모든 점이 완전히 같아서 길의 상태로는 어느 쪽이 정상으로의 길인지 분별하기 어렵다.

그는 그동안의 많은 등산 경험을 통하여 얻은 지식·경험·정보를 총합적으로 활용하여 말 그대로, 이모저모로 골똘히 사고하게 된다.

이와 같이 기로에 서서 하게 되는 사고를 '기로 사고'라고 말하는 바, 이것은 어린이들로 하여금 사고케 함에 있어 매우 우수한 장치의 하나이다.

분수 학습의 경우로 예를 들어 보기로 한다.

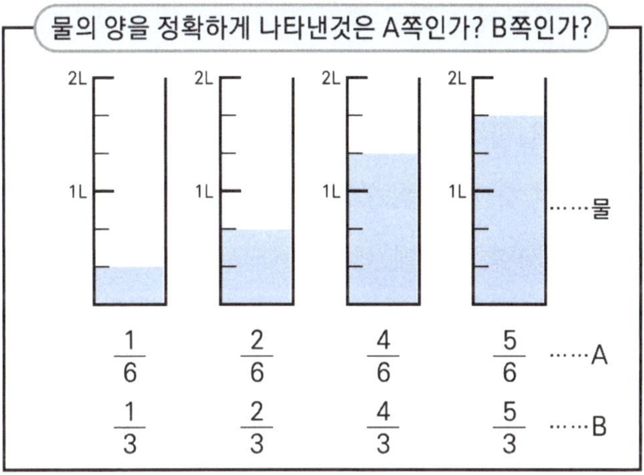

(그림 14)

"(그림 14)와 같이 2리터의 용기에 물이 들어 있으며 A와 B 두 어린이는 그 양을 그림과 같이 나타냈습니다. 누가 옳게 나타냈습니까?"

아시는 바와 같이 분수 학습에서 중요한 개념의 하나는 '전체'라는 용어이다.

이 개념을 제대로 이해하지 못하고 있는 어린이는 A가 옳다고 응답하기 마련이다.

2L를 전체로 생각하고, 2L를 6등분하였으며, 그중

의 ( )조각에 색칠이 되어 있다고 잘못 생각하게 되는 것이다.

이미 널리 알려진 일이지만 이른 바 '수포자'라고 불리는 수학 학습 포기자들이 언제부터 그렇게 된 것인지 조사한 결과에 의하면 대부분 3학년이었으며, 그 직접적인 계기는 분수 학습이었다고 한다.

분수 학습의 부실이 수포자로 만들어진 계기였으며, '전체'의 개념을 제대로 파악하지 못한 것이 그 핵심적 요인이었다고 하면 믿기 어려울지 모르지만, 그것이 사실이라고 하니 놀라운 일이 아닐 수 없다.

하여간에 위의 예와 같이 어린이들은 망설이지 않을 수 없는 지적 상황에 놓이게 되면, 다시 말하면 A인지 B인지 망설여지는 지적 상황에 직면하면, 가진 바 전지전능을 다하여 사고하는 능동적 주체로 전환되어, 스스로 사고하게 되는 본성을 가지고 있는 것이다.

23) 상식과 어긋나는 일과 만나도록 한다

사람은 누구나 그가 알고 있는 바와 상이한 사실을 보거나 알게 되면 '이상하다, 왜 그러지?' 하는 의문이 내발하며, 그 까닭을 알고자 하는 본성을 가지고 있다.

예컨대 2×3의 경우 그 답이 6이 되며 이는 곱해지는 수인 2보다 큰 것이 어린이들의 상식이다.

그런데 소수의 곱셈을 학습하는 경우에 어린이들이 흔히 하는 질문이 있다.

'곱셈은 곱해지는 수를 몇 갑절 하니까(몇 번을 더 하니까) 그 답이 곱해지는 수보다 큰 수인 것이 상식인데, 소수의 곱셈의 경우는 곱하여지는 수가 오히려 작아지는 결과가 되어 버리니 이상하다.'는 의문을 제기하는 어린이들이 흔히 있다.

그들의 상식이 부정당하였기 때문이다.

이런 질문이 나오면 그 사실을 발견하지 못하였던 어린이들도 '정말 그러네?' 하며 함께 묻는 주체로 전환되어 버린다.

어린이들의 내부에 위와 같이 물음이 치솟아 오르게 되면, 수업은 한층 진지하고 집요한 추구 과정이 전개되곤 한다.

이상은 하나의 예이지만, 인간은 자신이 가지고 있는 상식이나 지식과 어긋나는 현상을 보면 물음이 내발하고, 그것이 해결될 때까지 사고하게 되는 본성을 가지고 있다.

사회과 수업에서 흔히 위와 같은 문제와 만나게 되는데 '수출과 수입' 교재에서도 그 예를 볼 수 있다.

수입은 자국에서는 생산되지 않거나 그 양이 적을 경우에 이루어지는 일이라고 학습한 어린이들이 흔히 제기하는 물음이 있다.

'우리나라에서 중국으로부터 많은 양의 김치를 수입하고 있다는데 이상한 일이다. 우리나라는 김치의 종주국이고, 실제로 우리 가정에서 먹는 김치는 모두 어머니들이 손수 만들고 있는데 수입하고 있다니 참으로 이상한 일이다?'라는 문제가 흔히 제기된다.

어린이들의 말마따나 '우리나라는 김치의 종주국인데 다량의 김치를 중국으로부터 수입하고 있다니,

어찌 된 일인가?' 하고 어린이들로서는 묻지 않을 수 없는 문제이다.

이와 같이 어린이들은 그들의 내부에서 치솟아 오르는 물음이 있고, 그것이 곧바로 자력으로 해결될 수 있는 문제도 아니지만, 그렇다고 해결 못 할 것도 없겠다, 다시 말하면 해결의 성공과 실패의 확률이 50%쯤 되는 해볼 만한 문제에 대해서는 스스로 추구하는 본성을 가지고 있다.

어린이들로 하여금 각자의 내부에서 치솟아 오르는 의욕에 의하여 학습하고 추구하는 주체로 전환시키고, 끝까지 탐구하게 하는 방법·기술의 하나는 '그들의 상식과 어긋나는 현상과 직면토록 하는 일'이다.

Ⅳ

발문

우리는 교사가 어린이들에게 던지는 물음, 곧 발문이 없는 수업을 상상할 수가 없다.

수업의 최종 목표는 사고력을 기르는 일이며, 사고력은 각자가 사고함으로써만이 길러지는 능력이다.

이러므로 각자가 부단히 사고하지 않으면 아니 되는 바, 각자가 그렇게 사고하기 위해서는 각자의 내부에서 물음이 치솟아 올라와야 한다.

인간은 물음이 치솟아 올라올 때 사고하는 본성을 가지고 있기 때문이다.

이러므로 각자의 내부에서 물음이 치솟아 올라와야 하며, 그 물음이 치솟아 오르도록 하기 위하여 던지는 물음이 곧 발문이다.

다시 말하면 수업의 최종 목표는 사고력을 기르는 일이며, 사고력은 어린이 각자가 직접 사고함으로써만이 길러지는 능력이다.

이러므로 어린이들 각자는 부단히 사고하여야 하는바, 그러하기 위해서는 어린이들의 내부에서 물음이 치솟아 올라와야 한다.

수업의 과정에서 교사가 하지 않으면 아니 되는 일이 많지만, 어린이들의 내부에서 물음이 치솟아 오르도록 꾀하는 일, 곧 물음을 던지는 일은 그중에서도 으뜸가는 중요한 일이다.

수업이란 어린이들로 하여금 사고하도록 함으로써 사고력을 기르는 일이기 때문이다.

요컨대 수업의 최종 목표는 사고력을 기르는 일이며, 사고력은 각자가 전지와 전력을 다하여 사고함으로써만이 길러지는 능력이다.

따라서 어린이들은 부단히 이모저모로 골똘히 사고하여야 하며, 그러하기 위해서는 각자의 내부로부터 물음이 치솟아 올라와야 하는 바, 그러할 수 있도록 하기 위해서 던지는 물음이 곧 발문이다.

이 장에서는 어린이들 각자로 하여금 사고력을 기르도록 함에 있어 결정적인 역할을 하는 발문에 관하여 논의하기로 한다.

1. 현행 발문의 문제점

수업의 성패를 결정하는 요인에는 여러 가지가 있지만, 그 가운데에서도 결정적으로 중요한 요인은 발문이다.

발문만 제대로 이루어지면 여타 수업의 문제점은 거의 해소돼 버릴 만큼 발문이 미치는 영향은 막중하다.

이러므로 현행 수업의 문제점은 현행 발문이 안고 있는 문제점을 해소하면 수업이 앓고 있는 중병인 'A・B 양군화 현상'은 거의 치유될 수 있을 것으로 필자는 믿고 있다.

그렇다면 현행 발문의 문제점이 무엇이길래 그러할까?

1) 발문이 지나치게 어렵다

현행 발문의 대부분이 "~의 까닭은 무엇입니까?", "왜 ~입니까?", "~은 어째서 그러합니까?"와 같이 던져진다.

외람된 말이지만, 필자는 '수업기술'을 연구하고 있는 관계로 살아 있는 수업을 되도록 많이 참관하여야 한다.

그것도 어느 특정 지역이 아니라 전국의 각 지역에서 고루 표집한 학교의 수업을 되도록 많이 참관하여야 한다.

어려운 일이었지만 필자는 전국에 걸쳐 표집된 초등학교의 1,200여 학급의 수업을 참관한 바 있다.

그 결과로 알게 된 사실 가운데 하나가 위와 같이 '왜?', '그 까닭은?', '어째서' 위주로 발문이 이루어지고 있음을 알 수 있었다.

필자는 이런 형(型)의 발문을 '왜? 까닭형 발문'이라고 부르고 있다.

이 "왜? 까닭형 발문"이 문제가 되는 것은 무엇보다

도 지나치게 어려운 물음이 되어 소수의 우수한 어린이들만이 대응하고 사고하는 수업이 되어 버리는 것이다.

우리가 어떤 문제에 부딪혀 해결하려고 할 때, 당해 문제를 해결함에 있어 필요 최소한의 지식이나 정보, 곧 당해 문제 해결의 단서나 실마리를 어느 정도 가지고 있어야 해결할 수 있다.

이러한데 "왜? 까닭형 발문", 곧 "왜 ~합니까?", "~한 까닭은 무엇입니까?", "어째서 ~합니까?" 이런 물음은 그 물음 안에 당해 문제를 해결함에 필요한 어떤 하나의 단서도, 실마리도 가지고 있질 않는다.

다시 말하면 100%의 물음만이 주어져 있는 것이다.

이러므로 학원 등에서 이미 학습한 어린이를 포함한 소수의 우수한 어린이들만이 참가하며, 사고하고, 여타 어린이들은 사고할 수 없어 참가하지도, 사고하지도 못하는 방관자가 돼버리는 것이다.

현행 수업 최대의 문제점인 지적 장애가 없는 보통의 어린이들의 'A・B 양균화현상'은 위에서 지적한 점이 주요 원인이 되어 발생한 현상인 것이다.

수업의 최종 목표는 사고력을 기르는 일이고, 사고력은 학습자 각자가 직접 사고함으로써만이 길러지는 능력인데, 발문이 이와 같으므로 인하여 소수의 우수아를 제외한 다수의 보통 어린이들은 사고할 수 없어 사고하지 못하는 B군으로 만들어질 수밖에 다른 도리가 없는 것이 금일적 현실인 것이다.

어려워서 도저히 생각할 수 없다고 판단하면 뇌는 움직이지 않는다.

"당장 되는 것도 아니지만, 그렇다고 못 할 것도 없겠다.", "될 것도 같고 안 될 것도 같다, 해 보아야 알겠다." 이럴 때 뇌는 스스로 움직인다라고 뇌과학자인 스가하라 · 요오에이 박사는 말하고 있다.

발문 없는 수업을 상상할 수 없는 터에, 위에서 지적한 현상은 더 이상 방치할 수 없는 문자 그대로 초미의 과제가 아닐 수 없는 일로 생각된다.

2) 발문의 답이 오직 하나이며, 교사의 머릿속에 있다

던져진 발문에 대하여 일부의 어린이들이 거수하

고, 그중의 한 어린이가 지명받아 발표한다.

그 발표를 들은 교사가 작은 신호(어린이들과 약속된 이른바 오답임을 알리는 신호)를 보낸다.

응답이 교사의 머릿속에 있는 이른바 정답을 알아맞히지 못하였다는, 곧 오답임을 알리는 신호이다.

"틀렸다"고 말한다든가, 큰 소리로 신호를 하면 발표한 어린이가 심리적 상처를 입으므로 작은 신호를 보낸다는 것이다.

그러면 아까 거수하였던 어린이들이 다시 거수하고 그중의 한 어린이가 지명받아 응답한다.

또 아까와 같은 작은 신호를 보낸다.

교사의 머릿속의 이른바 정답과 일치하지 않았기 때문이다.

위와 같은 일이 되풀이되다가 교사의 머릿속에 마련되어 있는, 이른바 정답과 일치하는 응답이 나오면, 크게 반기며 칭찬하고 수업은 다음으로 흘러가지만, 이렇게 하는 문답은 '발문'이 아니다.

여기에서 잠깐 위에서 언급한 바 있는 어린이가 한 응답이 교사의 머릿속의 이른바 정답과 일치하지 않았을 때 작은 신호로써 조용히 알리고 버려버리는 일에 대하여 검토하여 보고자 한다.

그렇게 작은 신호로 틀렸음을 알리고 마치 아무 일도 없었던 일처럼 지나가면, 오답하였음으로 인한 심리적 상처를 입지 않을 것이라는 배려로써 그렇게 한 것인데, 이런 대응 방법은 결론부터 말하면 교사의 본의와는 정반대로 오히려 더 큰 심리적 상처를 주게 되는 것이다.

나름대로 애써서 마련한 생각을, 곧 기대를 가지고 한 응답을 작은 신호 하나로 마치 생활 쓰레기를 버릴 때 그러하듯, 말 한마디 없이 버림을 당한 어린이는 처절하게 무시당해 버린 크나큰 모욕감과 아픔을 느끼는 것이다.

필자가 어느 4학년 학급의 수학 수업을 참관할 때 목격한 일이 하나 있다.

자신이 애써 한 응답이 교사의 작은 신호 하나로 오답이라는 판정을 받은 순간 어린이는 자신의 책상 바닥을 주먹으로 내치며 엎드려 우는 것이었다.

참관자들이 모두 깜짝 놀랐지만, 이런 반응은 이

어린이에 한하는 특수한 예가 아니며 모든 인간의 본성의 한 표현이라 할 것이다.

이 경우 답은 비록 틀렸지만, 그 생각을 마련하느라 이모저모로 생각한 사실을 인정하고 평가하여야 한다.

'수업은 결코 교사의 머릿속에 있는, 이른바 정답 알아맞히기 대회장이 아니며, 어린이들 각자로 하여금 사고하게 함으로써 사고력을 기르는 장'인 것이기 때문이다.

답도 중요하지만, 그 답을 얻어내기 위하여 전지를 다 하여 이모저모로 생각한 사실이야말로 답의 정오와 상관없이 중요한 과정임을 지도하여야 하는 일이 곧 수업이기 때문이다.

인간의 뇌는 답의 정오와 무관하게 각자의 전지를 다 하여 골똘히 이모저모로 사고하는 과정이야말로 뇌를 발달시킴에 있어 중요한 일이라는 사실을 지도하여야 한다고 뇌과학자들은 말하고 있다.

이러므로 응답 내용이 비록 덜 옳거나, 옳지 않다 하여도 진지하게 사고한 사실을 칭찬하여야 한다.

교사의 머릿속에 있는 이른바 '정답'에 사로잡혀 어린이들 각자의 소중한 사고력의 발달을 저지하는 일을 하여서는 아니 된다.

수업의 최종 목적은 어떤 경우에나 사고력을 기르는 일이며, 사고력은 크고 작은 모든 기회에 각자가 직접 사고함으로써만이 길러지는 능력임을 잊어서는 아니 되기 때문이다.

이 경우는 물론 어린이들이 한 생각이 비록 옳게 알아맞히지 못하였다 하더라도 그 응답이 전원이 함께 사고할 수 있는 기회를 제공하여 주는 것이다.

"수업은 정답 알아맞히기 대회장이 아니다."라는 말이 있지만 바로 이런 기회를 제대로 이용함으로써 옳은 사고 방법을 지도할 수 있다.

이런 경우가 마련되지 아니하고, 모두가 옳은 생각만 제시되었다면 일부러 가상의 어린이인 '순이'를 등장시켜 옳지 않은 응답을 제시함으로써, 비교 사고하도록 함으로써 전원이 함께 사고하는 기회를 마련하여 사고하도록 하여야 한다.

수업은 정답 알아맞히기를 하는 대회장이 아니라,

전원으로 하여금 사고하게 하는 과정이므로 옳은 생각만 제시되었을 때는, 일부러 가상의 어린이인 순이를 등장시켜 오답을 제시함으로써 서로 다른 생각을 맞세워 사고를 넓혀 가도록 함도 중요한 수업기술의 하나라 하겠다.

수업의 진행상 그러하기 어려울 때는 이 경우에 터놓고 "아! 애석하다! 거기까지 생각하였구나! 거기까지 생각하긴 쉬운 일이 아닌데……."의 한마디 하여 주면 어떠할까?

'틀렸다' 하는 표현이지만 그 짧은 말 가운데 '틀리지 않았으면 좋았을 것을!' 하고 애석히 여기는 애정이 흐르고 있음을 어린이들도 느끼는 것이다.

어디까지나 당해 어린이 편에 서서 말하고 있으며, 무시하여 버리는 것이 아니어서, '작은 신호 하나'로 버려짐으로써, 교사의 본의와는 다르게, 교사의 보호 우산 밖으로 밀려났다는 실망과 아픔을 느끼지는 않을 것이다.

논의가 잠깐 옆으로 나갔는데 여기에서 본론으로 돌아가기로 한다.

교사의 머릿속에 있는, 이른바 정답과 일치하는 응답이 나오면 크게 칭찬하곤 하면서 흐르는 수업을 보면, 수업이 마치 교사의 머릿속에 있는 '정답 알아맞히기 대회장'같이도 보인다.

이런 경우 교사는 발문을 자신의 머릿속의 이른바 정답을 알아맞히도록 하는 일로 인식하고 있는 것으로 생각된다.

발문에 대한 교사의 이와 같은 인식과 그에 따른 응답 처우(處遇) 방법으로 인하여 어린이들도 선생님이 묻는 뜻은 선생님 머릿속에 있는, 이른바 정답을 알아맞히는 일이라고 크나크게 잘못되게 인식하고 있는 것이다.

이런 인식으로 사로잡혀 있는 우리의 어린이들은 선생님 머릿속의 정답이라는 매우 한정된 오직 하나의 답 찾기라는 옳지 않아도, 너무나 옳지 않은 응답관에 의하여 희생되고 있는 것이다.

이래서 우수한 소수의 어린이들을 제외한 절대 다수의 어린이들은 교사의 머릿속에 있는, 이른바 정답 찾기를 포기하고 방관하는 학습의 피동적 객체가 되어 버리는 것이다.

이른바 B군 어린이들은 이렇게 하여 수업에 의하여, 교사에 의하여 만들어진 가련한 존재들인 것이다.

거리를 걷노라면 목줄에 매인 채 주인을 따라 다니는 애완견을 흔히 볼 수 있다.

그는 그 목줄을 반지름으로 하는 원 안에서만 움직일 수 있다.

넓게 움직이고 싶어서 시도하여 보지만 목줄의 제한으로 단념할 수밖에 없다.

목줄로 인하여 엄격하게 제한돼 있어 행동반경을 더 이상 넓힐 수가 없기 때문이다.

교사의 머릿속의 정답 알아맞히기라는 제약에 묶여 더 넓고 깊게 사고하지 못하는 우리 어린이들이, 마치 목줄에 사로잡혀 더 이상 행동반경을 넓히지 못하는 애완견의 신세와 같다는 생각을 한다.

이 안타까운 현상은 오로지 발문이란 무엇인가에 대한 인식이 너무나 잘못되어 있는 데 기인하고 있는 것이다.

발문이란 결코 교사의 머릿속의 이른바 정답을 알

아맞히도록 하기 위하여 던지는 물음이 아닌 것이다.

교사가 던지는 물음에 관하여 각자가 가지고 있는 지식 · 상식 · 경험 등을 총합적으로 활용하여, 이모저모로 골똘히 생각하여, 자기 나름의 잠정적 해답을 마련하도록 하기 위하여 던지는 물음인 것이다.

되풀이되지만 어떤 것에도 사로잡히지 아니하고 오직 각자가 가진 바 지식 · 상식 · 경험 · 자료 등을 총합적으로 활용하여 진지하게 사고하고, 집요하게 추구하며, 각자가 각자 나름의 생각, 곧 자기 나름의 잠정적 해답을 마련하도록 함으로써 사고력을 기르기 위하여 던지는 물음 그것이 발문인 것이다.

발문에 대한 올바른 인식에 의하여, 교사의 머릿속에 있는 정답 알아맞히기에서 해방되어, 각자가 자기 나름의 생각을 펼 수 있게 될 때, 그동안 억압되어 이루지 못했던 지적 성장을 다음과 같이 할 수 있게 될 것이다.

① 각자가 각자 나름의 생각을 갖게 됨으로써, 지적으로 성장할 수 있는 '성장점'을 마련하게 될 것이다.

② 지난 80년간 이어온 수업에 참가하는 어린이와 참가하지 못하는 어린이의 분열을 지양(止揚)하여 전원이 참가하고 사고하는 수업을 실현할 수 있게 될 것이다.

③ 전원이 각자 나름으로 사고하게 되므로 학급 어린이 수만큼의 다양한 내용의 생각을 얻게 되며, 그것들이 서로 갈고 다듬어지는 이웃과 더불어 하는 학습을 통해서 각자의 생각은 향상적으로 변용될 것이다.

④ 각자가 각자 나름으로 사고하게 됨으로써 각자에게 각자가 사고한 만큼 수업의 최종 목표인 사고력이 길러지게 될 것이다.

3) 발문-거수-지명-발표 시스템에 의하여 A군들만이 참가하는 문답이 되고 있다

오늘날 어디의 누구의 수업을 참관하더라도 공통점 하나를 볼 수 있는 바, '발문-거수-지명-발표 시스템'에 의한 지명 발표가 그것이다.

교사가 발문하면 소수의 A군들이 거수하고, 그중

의 한 어린이가 지명받아 응답한다.

그 응답이 옳으면 칭찬하고, 교사의 보충 설명이 이루어지고, 다음으로 나아가곤 한다.

이때 응답이 교사의 의중에 있는 답이 아니면, 교사가 보내는 신호에 의하여 아까 거수하였던 어린이들이 다시 거수하고, 그중의 한 어린이가 지명받아 발표한다.

이 응답이 교사의 머릿속에 있는, 이른바 정답과 일치하지 않으면 아까와 같이 신호에 이은 거수가 이루어지곤 하는바, 교사의 의중에 있는, 이른바 정답이 발표될 때까지 계속된다.

이와 같이 수업 중에 이루어지는 교사의 발문은 부단히 교사의 머릿속에 있는, 이른바 정답을 알아맞히도록 하는 과정인 것이다.

특정인의 머릿속에 있는 생각을 알아맞히는 일은 어른들의 경우도 쉽지 않은 일인데 하물며 어린이들의 경우 지난한 일이어서, 그래서 이 문답에 참여하는 어린이들은 소수의 우수아들에 한정되어 있는 것이 일반적인 현상이다.

이렇게 현행의 발문은 지적 장애가 없는 어린이들을 수업에의 참가자와 그것을 방관하기만 하는 단순한 출석자의 양군으로 분열시키는 구실을 하고 있는 것이다.

수업은 지적 장애가 없는 전원이 참가하는 장이며, 결코 참가자와 단순한 출석자로 분열되어도 되는 그런 장은 아니다.

그럼에도 불구하고, 오늘날 이 양군화 현상이 이상하리만큼 아무런 일도, 탈도 없이 당연한 일로 여겨져 이루어지고 있는 것이 일반적인 우리의 현실이다.

수업기술을 연구하는 사람이면 누구나 되도록 많은 학급의 수업을 참관하려고 노력하는 일이지만, 필자도 전국에서 고루 표집된 1,200여 학교의 한 학급씩의 수업을 참관하였으며 600여 학급에서 실험 수업을 한 바 있었던바, 위의 사실은 그때 그곳에서 보았던 사실에 근거하여 한 말임을 첨언하고자 한다.

2. 발문의 정의

앞에서 논의한 바와 같이 우리는 오랫동안, 너무 오랫동안 잘못된 발문관에 의하여 수업이 이루어져 왔다.

그렇게 함으로써 수업의 최종 목표인 사고력의 육성에 크나큰 마이너스 효과를 얻어 왔다.

발문은 어린이들로 하여금 사고하게 함으로써 사고력을 육성하기 위하여 던져지는 물음인데, 그것과는 다른 교사의 머릿속에 있는 생각을 알아맞히도록 하는, 실로 엉뚱한 일을 오랫동안 하여 옴으로 인하여 사고력을 기르지 못하였으니, 사고력 육성 의의의 막중함을 안 오늘, 하나의 잘못된 생각이 초래하게 되는 손실의 막대함에 가슴이 아플 뿐이다.

그러나 그것을 만회할 수는 없는 일이므로 이제부터라도 제대로 발문함으로써 제대로 사고력을 기를 수 있기를 소망하면서 올바른 발문의 뜻을 정의하고자 한다.

발문은 어린이들 각자로 하여금 각자의 전지와 전

능을 다하여 이모저모로 진지하고 집요하게 사고하게 함으로써 각자 나름의 생각, 곧 해답을 마련함과 함께 사고력을 기르기 위하여 교사가 어린이들에게 던지는 물음인 것이다.

3. 발문 만들기의 원칙

발문이란 교사가 원하는 때에, 원하는 내용을 어린이들 각자로 하여금 능동적으로 사고하도록 하기 위하여 던지는 물음이다.

따라서 아무렇게나 마련해서는 어린이들 각자로 하여금 스스로 사고하도록 하기는 아예 불가능한 일이다.

여기에 발문을 만듦에 있어 준거하지 않으면 아니 되는 원칙이 있어야 하며 그에 의하여 마련하지 않으면 아니 되는 필요성이 있는 것이다.

1) 발문 안에 알맞은 정도의 해결 방법(힌트)이 깃들어 있어야 한다

발문 안에 당해 물음을 해결함에 필요 최소한의 지식, 정보, 자료 등이 곁들여 있어야 한다.

바꾸어 말하면 당해 물음을 해결하기 위해서는 반드시 필요로 하는 지식, 정보, 자료 등을 절반은 발문 안에 제공하여 주고, 그것을 활용하여 문제를 사고하도록 하여야 한다.

지금까지의 발문은 물음의 안에나 밖에나 그것을 해결함에 필요한 지식이나 정보를 전혀 주지 아니하고 100% 물음만 던져 주었던 것이 일반적이었다.

이래서 소수의 우수한 어린이들만이 도전할 수 있었으며, 그러하기 어려운 어린이들은 해결하지 못한 자로서의 열등감과 무능감만 쌓아 올리곤 하였던 것이었다.

인간은 누구나 자신의 힘으로 해결이 가능할 때 그것에 도전하는 본성을 가지고 있다.

이러므로 발문을 던져 주되 그 안에 당해 물음을

해결함에 필요한 최소한의 지식, 정보, 자료 등이, 바꾸어 말하면 문제를 해결함에 필요한 지식, 정보, 자료가 필요한 만큼 곁들여 있어야 한다.

되풀이되지만 절반쯤 가르쳐 주고, 가르쳐 준 절반쯤의 지식이나 정보, 자료 등을 활용하여 이모저모로 사고함으로써 물음을 해결하도록 하는 것이다.

이렇게 함을 필자는 "가르쳐 주고 묻는다."고 말한다.

필요한 만큼 가르쳐 주고 그것을 활용하여 사고하도록 하는 것이다.

50%쯤 가르쳐 주고 그것을 활용하여 50%의 물음을 사고하도록 하는 것이다.

예를 들어본다.

• **교재**

5학년 사회과 안전한 항구 부산항

• **학습하여야 하는 내용**

좋은 항구가 갖추어야 하는 중요한 조건의 하나는 안전이다.

다시 말하면 태풍 때 밀려오는 큰 파도를 막아 항구 내에 있는 크고 작은 모든 배들을 안전하게 보호하여야 한다.

부산항은 태풍 때 항구 안에 있는 모든 배를 안전하게 보호하여 줄 수 있는 지리적 조건을 잘 갖추고 있다.

부산항 앞에 있는 섬 '영도'가 그것으로, 아무리 큰 파도가 밀려오더라도 막아 주는 구실을 하고 있어, 부산항은 매우 안전한 항구이다.

• **발문**

항구가 갖추어야 하는 중요한 조건의 하나는 태풍 때 밀려오는 큰 파도를 막아, 항구 안에 있는 모든 배를 안전하게 보호하는 일이다. 부산항은 그런 조건, 곧 지리적 조건을 잘 갖추고 있다.	Ⓐ
부산항이 잘 갖추고 있는 지리적 조건이란 무엇일까요?	— Ⓑ

Ⓐ는 Ⓑ의 물음에 응답하기 위해서는 알고 있어야

하는 지식・정보를 50% 정도 가르쳐 주고 있다.

Ⓑ의 물음에 응답하기 위해서 사고할 때 활용하여야 하는 지식・정보(Ⓐ)를 가르쳐 주고 있는 것이다.

이 발문에 응답하는 어린이는 이 문제를 해결하기 위해서는 부산항의 지도가 필요함을 깨닫고 사회과 부도에서 '부산광역시'의 지도를 스스로 펴보도록 하기 위하여 일부러 그것을 가르쳐 주지 아니하는 것이다.

위의 물음이 이 교재를 수업할 때 제시되는 가장 높은 수준의 발문이다.

절반쯤 가르쳐 주고(Ⓐ) 그것을 활용하여 사고함으로써 Ⓑ물음에 응답하도록 꾀하고 있는 것이다.

이것을 지금까지는 일반적으로 다음과 같이 발문하였다.

- 부산항이 안전하기로 유명한 항구인데, 그 까닭은 무엇일까?
- 왜 부산항은 안전하기로 유명한 항구일까?

문제를 해결함에 필요한 지식, 정보, 자료 등은 아

예 없는 100% 물음뿐인 발문이다.

지금까지의 거의 대부분의 발문이 위와 같이 '왜 그러한가?', '그 까닭은 무엇인가?' 형의 발문이었다.

이와 같은 발문에는 물음을 해결함에 필요한 지식도, 정보도, 자료도 주어지지 아니하기 때문에 우수한 일부 어린이들을 제외한 대부분의 어린이들은 사고할 수 없어 피동적 학습의 객체가 되므로 인하여 '학습하는(사고하는) 능동적 주체'이어야 할 그들이 '학습의 피동적 객체'로 만들어졌던 것이다.

2) 가나다 3수준 발문법

어떤 하나의 발문을 던졌을 때 어린이들은 다음의 두 가지로 반응하는 것이 일반적인 우리의 수업 현상이라고 생각된다.

'해 볼 만하다!'고 생각하여 수업에 참가하는 어린이들이 있는가 하면 '어려워서 생각할 수 없다'고 생각하여 참가하지 않는 두 무리의 어린이들이 있다.

현행 수업은 전자의 어린이들이 곧 A군들이 교사

의 머릿속에 마련되어 있는 이른바 정답을 알아맞히면 크게 칭찬하고, 교사가 보충 설명하고 다음으로 이어 나가는 것이 일반적인 수업의 방법이다.

그렇게 함에 따라 전자는 문제 해결의 기쁨을 만끽하고, 후자는 그때마다 학습을 제대로 하지 못함으로 인한 열등감을 쌓아 가고 있는 것이 우리 수업의 일반적인 현황이다.

그래서 수업이 마치 문제를 해결할 수 있는 어린이군(群)과 그것을 해결할 수 없는 어린이군의 양군으로 가르는 일을 하는 장(場) 같기도 하다.

물론 수업은 그런 일을 하는 장은 결코 아니다.

아시는 바와 같이 각자가 능력껏 사고하고, 이웃과 더불어 사고함으로써 사고력을 기르는 장이 수업이다.

부연하면, 어린이들 각자로 하여금 주어진 문제에 대하여 각자 나름으로 전력 사고하고, 이웃과 더불어 학습하는 곳이다.

그럼에도 불구하고 양군(兩群)으로 가르는 일을 하는 장이 되고 있다.

이러므로 지금까지 하여 온 방법과 같이 오직 하나의 높은 수준의 발문을 전원에게 제시하여 해결하게 함으로써 해결하는 어린이군(群)과 해결하지 못한 어린이군의 양군으로 나누어지도록 하는 것이 아니라, 난도에 차가 있는 복수의 문제를 제시하여 각자로 하여금 '해 볼 만한 수준의 문제'를 선택하여 도전하도록 하는 것이다.

위의 방법의 실행은 다음과 같은 방법으로 행한다.

어떤 하나의 문제(가수준의 문제라고 부른다)를 판서 제시하여 각자로 하여금 '해볼 만한가?'의 여부를 스스로 판단하게 한다.

'해볼 만하다'고 판단한 어린이는 각자의 자리에서 바로 당해 문제(가수준의 문제)의 해결에 도전하게 하고 '해결하기 어렵다'고 판단한 어린이는 교탁으로 나오도록 한다.

교탁으로 나온 어린이들을 맞이하여 교사는 그들에게만 들리는 크기의 말소리로 제시된 문제를 해결함에 필요한 지식·정보의 일부를 가르쳐 주고(이 수준의 문제를 나수준의 문제라 부른다.) '해볼 만한가?'

의 여부를 스스로 판단하도록 한다.

위의 도움을 받고 '이제 해볼 만하다'고 판단한 어린이는 곧바로 제자리로 돌아가서 문제에 도전하도록 하고, 그래도 어렵다고 판단한 어린이는 그대로 교탁에 남아있는 것이다.

이때에 교탁에 남아있는 어린이에게는 나수준의 문제보다 더 많이 힌트를 주며(이것을 다수준의 문제라고 부른다), 해결할 수 있는 어린이는 제자리로 돌아가서 해결하도록 하고, 그래도 어려운 어린이는 그대로 남아 그의 현재의 수준에 맞는 지도를 받는다.

다시 말하면 답을 얻어 내는 순서와 방법을 착실하게 가르쳐 주어 당해 문제에 대한 답, 바꾸어 말하면 결과로써의 지식만은 제대로 알 수 있도록 가르쳐 주는 것이다.

여기에서 중요한 것은 이때 이들에 대한 지도는 문제에 대한 결과로서의 답, 곧 지식만은 제대로 알 수 있도록 지도하고 이를 암기할 수 있도록 지도하는 일이다.

한편 위의 지도가 진행되는 동안 제자리에서 자력

해결을 하고 있는 어린이들은 다음과 같이 스스로 활동하도록 지도하여 그것이 습관화되도록 지도한다.

문제를 자력 해결하고, 그 근거를 설명할 수 있을 만큼 자력학습(自力學習)을 이룩한 어린이는 손을 높이 들어 교실 안을 살펴보도록 한다.

이때 손을 들고 있는 어린이가 있을 때, 그와 만나 교실이나 복도 등 알맞은 장소를 선택하여 그곳에서 각자가 한 해답과 그것을 얻어낸 과정 등에 대하여 논의를 한다.

이와 같이 두 사람의 논의를 마치면 각자의 자리로 돌아가 논의한 바에 따라 기록 내용을 고쳐 쓰거나 보충 기록을 한다.

이것을 마치면, 다시 아까와 같이 손을 들어 똑같이 손을 들고 있는 어린이를 만나 위와 같은 논의 활동을 되풀이하도록 한다.

아시는 바와 같지만, 이와 같이 활동하도록 함은 수업의 최종 목표인 사고력을 기르기 위함이다.

사고력은 같은 문제의식을 가진 이웃들이 만나 토의하고 토론하는 과정에서 효과적으로 길러지는 능력이기 때문이다.

이러는 동안 교탁에서는 교사의 개별적인 응능(應能)지도가 이루어짐으로써 결국 학급 어린이 각자가 각자의 필요에 따른 학습 활동을 하며, 교사는 어린이들 각자의 필요와 요구에 맞는 지도를 하는 것이다.

필자는 이러한 지도를 '어린이들 각자의 능력과 필요와 요구에 맞추어 하는 학습지도'라는 뜻으로 '응요지도(應要指導)'라고 부르고 있다.

위와 같이 어린이들 각자의 현재의 수준에 알맞은 발문을 마련하여 각자로 하여금 각자의 '해볼 만한 수준의 문제'에 도전토록 하기 위하여 던지는 발문을 필자는 "가나다 3수준 발문법"이라고 부르고 있다.

외람된 말이지만 필자는 실험 학급에서 행한 실험 결과에 따라 이는 어느 교실에서나 제대로 실천하기만 하면, 지적 장애가 없는 보통의 어린이들이면 그들 전원이 능력껏 제대로 학습할 수 있는 지도 방법이라는 소신을 갖게 되었다.

다시 말하면 각자에게 그들 각자가 필요로 하는

만큼 가르쳐 주어, 문제를 해결할 수 있도록 하는 것이다.

그럼으로써 각자는 사고함으로써 사고한 만큼 사고력이 길러지며, 목표한 지식과 아울러 성취한 기쁨을 만끽할 수 있도록 하자는 것이다.

4. 발문 만들기의 실제

1) 각자에게 알맞은 정도의 힌트를 준다

발문 만들기의 실제에 대해서는 2022년에 출판된 졸저 "발문 기술"에 소상하게 기술하여 두었다.

따라서 여기에서는 상론(詳論)하지 아니하고 약안(略案)을 논하기로 한다.

어떤 사건이든지 상관없지만 여기에서는 화재 사건을 예로 하여, 발문 만들기의 실제에 관하여 논의하도록 한다.

예컨대 화재가 있었으면 반드시 전문가들에 의하

여 다각도로 조사가 이루어진다.

이때 조사할 일이 많지만, 그중에서도 언제나 반드시 가장 먼저 조사하는 일이 있다고 한다.

그것이 무엇인가에 대하여 보통 사람에게 물어보면 "왜 불이 났을까?"를 먼저 알아볼 것이라고 응답하는 사람이 많다고 한다.

그러나 조사 위원이 묻는 것은 '불이 나도록 한 자가 누구인가?'를 먼저 묻는다고 한다.

불을 낸 범인을 알게 되면 불이 난 원인을 알 수 있기 때문이라 한다.

되풀이되지만 '원인 행위를 한 자가 누구인가?', 곧 '벌을 받을 자가 누구인가?'를 먼저 찾는다고 한다.

발문도 마찬가지로, 비유컨대 책임을 질 자, 벌을 받을 자, 상을 받을 자를 묻는 것이 원칙이다.

초등학교 3학년의 과학과 교재의 수업 사례에서 예를 들어 보기로 한다.

"(그림 15)의 ①과 같이 컵을 거꾸로 하여 물 속으로 수직으로 밀어 넣었을 때 어떤 현상이 일어날까?"

라고 물으면서 ③을 제시하여 선택케 한다.

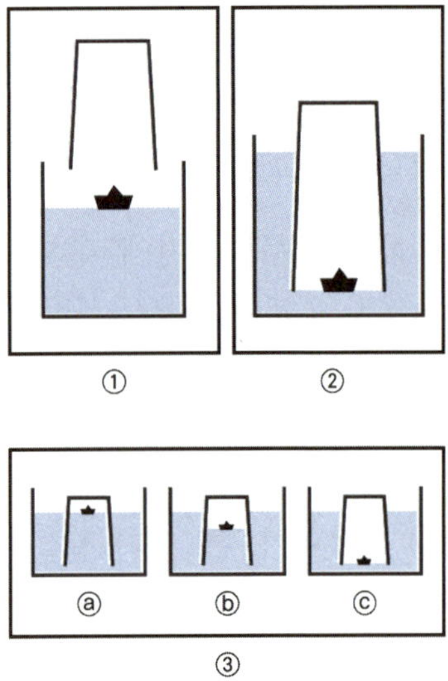

(그림 15)

이 수업을 여러 학급에서 하여 보았지만 거의 똑같은 반응이었다.

Ⓑ로 응답하는 어린이가 학급마다 1~2명이 있을 뿐 그 밖의 전원이 Ⓐ로 응답하였다.

너무도 당연하다는 표정들이었다.

이어서 실험으로 들어간다.

컵을 거꾸로 하여 수직으로 서서히 밀어 넣는다.

잠시 후 어린이들은 "앗! 물이 들어가지 않는다?!" 하는 놀라는 반응을 한다.

컵을 끝까지 밀어 넣어도 물이 들어가지 않는 현상을 본 어린이들은 "아! 끝까지 들어가지 않는닷!?", "아! 이상하다?" 등으로 매우 놀라는 것이었다.

놀란 어린이 하나가 자신이 실험을 하여 보겠다고 희망하여 왔다.

'교사가 뭔가 속임수를 쓰고 있는 것이 아닐까?'라고 생각한 듯하다.

어린이들의 반응이 이러할 것으로 짐작하고 보이지 않게 준비하여 둔 실험 도구를 두 사람에게 한 벌씩 배부하여 실험하도록 지도한다.

직접 실험하여 본 어린이들은 예외 없이 문자 그대로 묻는 주체로 전환되어 버린 것이었다.

학습문제 제시의 최적 시점에 이른 것이다.

컵 안에서 물이 들어오지 못하도록 막고 있는 것이 있어서 물이 들어가지 못합니다. 물이 들어오지 못하도록 막고 있는 것은 무엇일까요?

판서를 마치고, 전원으로 하여금 함께 읽게 한 후 그것을 노트하도록 하였다.

이때, 곧 문제를 제시할 때 일반 수업에서는 "왜

물이 들어가지 않을까요?" 또는 "물이 들어가지 않는 까닭은 무엇일까요?"라고 묻는 것이 일반적이다.

당면한 문제를 생각함에 필요한 어떤 하나의 힌트도 주지 않고, 오직 물음만을 던져 주는 것이 어느 교실에서나 흔히 보고 들은 이른바 '발문'이다.

우리가 어떤 문제에 부딪혔을 때, 당해 문제를 해결함에 필요한 최소한의 지식이나 상식, 경험, 필요한 자료 등이 있으면 그것을 활용하여 이모저모로 생각하여 해결을 시도한다.

그렇지만 그런 것이 아무것도 없고 오직 물음만 던져진다면 해결을 시도하여 보는 것보다 그것을 포기하며 버리기가 쉽다.

누구든 해결하기 어려울 땐 포기하여 버리기 쉬운 것이 인지상정이다.

바꾸어 말하면 우리의 발문이 일반적으로 문제 해결에 필요 최소한의 지식이나 자료 등을 주지 아니하고 '왜 그러한가?', '그 까닭은 무엇인가?' 형의 물음만 던짐으로 말미암아 그 발문에 응답할 수 있는 어린이들(A군)과 그것을 하지 못하는 어린이들(B군)의 양군으로 나누어지는 것이 일반적인 현상이다.

다시 말하면, 던져지는 문제를 해결함에 필요한 힌트를 어린이 각자의 필요에 따라 필요한 만큼씩 제공하여 주면 사고할 수 있을 것인데, 그것을 일체 주지 아니하고 물음만 주므로 그들은 사고할 수 없어 발문에 대한 응답자와 응답하지 못하는 자들의 양군으로 분열되는 것이다.

우리나라의 어디에서 이루어지는 수업이라도, 거의 모두가 위와 같이 A·B 양군으로 분열되는 현상이 있는 바, 이는 위에서 논의한 방법으로 발문이 이루어짐으로 인하여 그렇게 되는 것으로 생각한다.

여기에서 생각되는 일은 우리 앞에 있는 어린이들이 A·B 양군으로 나누어져 버리는 것은 흔히 그렇게 생각하고 있는 것처럼, 어린이들의 능력 차이에 그 요인이 있는 것이 아니라, 외람되기 그지없는 말이지만, 현행의 교사의 수업 방법과 의식에 그 요인이 있음을 인정하지 않을 수 없는 것이 우리의 현실이라고 필자는 감히 생각하고 있다.

위의 문제에 대하여 우리 연구소에서는 "컵 안에서

물이 들어오지 못하도록 막고 있는 것이 있어서, 물이 들어가려고 하지만 들어갈 수 없습니다. 막고 있는 것은 누구(무엇)일까요?"라고 묻는다.

이 발문, 곧 이 물음을 우리 연구소에서는 '㉮수준의 발문'이라고 말하고 있는바, 난도가 가장 높은 발문을 이르는 말이다.

이어서 전 어린이들에게 지시한다.

"이 문제를 자신의 힘으로 해결하여 보겠다고 생각한 어린이는 각자의 자리에서 도전합니다. 그러나 어려워서 도전하기 어려운 어린이들은 교탁으로 나와서 선생님의 도움을 받아 도전합니다."

이 지시에 따라 어린이들은 자력 해결군(群)과 교사의 도움받아 해결하는 조력 해결군(群), 양군으로 나누어진다.

교탁으로 나온 어린이들은 교사로부터 그들에게 필요 최소한의 도움, 곧 당면한 문제를 해결함에 필요한 최소한의 가르침, 곧 문제 해결의 힌트를 지도받게 된다.

이때의 지도는 말로 하는 설명은 물론 자료를 활

용하는 등 그 어린이의 현재 수준에 알맞은 지도를 한다.

이때의 음성이 각자의 자리에서 자력 해결하고 있는 어린이들에게 들리지 않는 크기로 하여야 함은 말할 필요가 없다.

이렇게 교사의 지도 조언이 끝나면, 이젠 자력으로 해결할 수 있겠다고 생각되는 어린이들은 각자의 좌석으로 돌아가서 자력 해결하며, 그래도 아직 자신이 서지 않는 어린이들은 남아있게 된다.

이런 과정을 거쳤어도 남아있는 어린이에게는 문제 해결 방법, 곧 힌트를 더 많이 주며, 그 결과에 따라 제자리로 돌아가든가 남아있거나 하게 된다.

이때 끝까지 남아있는 어린이에 대해서는 더 이상 자력 해결토록 요구하지 아니하고, 그 어린이들이 이해하는 데 필요한 관계 자료를 곁들여 제대로 가르쳐 줌으로써, 문제 해결의 방법은 설명할 수 없다 하더라도 결과로써의 해답, 곧 관계 지식만은 제대로 알 수 있도록, 다시 말하면 그 수업의 종말 단계에서 실시되는 형성평가에서 제대로 응답할 수 있도록 충실하게 지도한다.

그러함으로써 그가 형성평가에서 만점 득점한 기쁨, 곧 자신이 성장한 기쁨을 만끽할 수 있도록 하였으면 한다.

뇌과학자인 모기・겐이치로 박사는 다음과 같이 가르쳐 주고 있다.

'뇌는 자신이 조금이라도 전진하고 있으면 기쁨을 느끼도록 되어 있다. 뇌는 학습 상황에서 비록 작은 기쁨일지라도 학습성취의 기쁨을 느끼면 전진하게 된다.

이러므로 학습의 계단을 각자에게 맞는 응분의 높이로 마련하며, 누구나 올라가는 데 성공할 수 있도록 하여야 한다.

그렇게 함으로써 각자 나름의 학습성취의 기쁨을 만끽할 수 있도록 하여야 한다.'(茂木健一郎, 脳を活かす勉強法, PHP文庫, 2016)

2) 원인 행위를 한 자를 찾는다

앞에서 논의한 바 있는 화재 사건의 경우 "왜 불이 났는가?"라고 묻지 아니하고 "불을 낸 자가 누구인가?", 곧 "벌을 받을 자가 누구인가?"를 찾는 것처럼 발문도 그렇게 물어야 한다고 생각한다.

앞에서 예로 들었던 3학년 과학 시간의 발문, 곧 컵 안으로 물이 들어가지 않는 까닭을 묻는 발문의 경우 흔히 그렇게 발문하여 온 것처럼 "왜 컵 안으로 물이 들어가지 않을까?"라고 묻지 아니하고 "물이 한 방울도 들어오지 못하도록 막고 있는 자는 누구일까?"라고 물어야 한다.

이렇게 물었을 때 어린이들은 "컵 속에 물이 들어오지 못하도록 막고 있는 것이 있구나! 그것은 무엇일까?"와 같이 물음으로써 오직 하나의 초점으로 생각을 집중시킬 수 있는 것이다.

그럼으로써 '컵 안에 가득 들어 있어서 물이 한 방울도 들어가지 못하도록 막고 있는 자 찾기'라는 한 점으로 사고를 집중할 수 있게 되는 것이다.

이 경우 흔히 그렇게 이루어지고 있는 것처럼 "컵 안으로 물이 들어가지 않는 까닭은 무엇일까?"라고 묻게 되면, 사고의 초점이 없어 360도가 사고의 범위가 되어, 3학년 어린이들뿐 아니라 어른들에게도 쉬운 문제가 아닌 것이다.

발문은 이 '초점'이 중요하다.

여기에서 말하는 '초점'은 '힌트'라는 말로 바꾸어 말하는 것이 이해하기 쉬울 것 같다.

우리가 어떤 문제에 직면하여 해결하지 않으면 아니 되는 경우에, 그 문제를 해결함에 필요한 관련 지식이나 정보, 관련되는 물리적인 자료 등을 가지고 있을 때 그것들을 활용하여 당면한 문제를 해결할 수 있게 된다.

그런 것들을 가지고 있지 않은 상태에서는 당면한 문제를 해결하기 어렵다.

발문의 경우도 예외가 될 수 없음은 말할 필요가 없겠다.

요컨대 비유해서 말하면

• 어떤 사건이 일어났을 때 왜
불이 났느냐?
이 사건이 났느냐?
이와 같은 행동을 했느냐?
묻지 아니한다.

• 불을 낸 자 (범인)
• 사건을 일으킨 자
• 원인행위를 한 자

책임을 질 자
벌을 받을 자
상을 받을 자
를
찾는 일
선택하는 일
발견하는 일
을 하여야 한다.

그러면 "왜?"를 알 수 있게 된다.

다시 예컨대

• 왜 컵 안으로 물이 들어가지 않는가?
• 컵 안으로 물이 들어가지 않는 까닭은 무엇인가?
로 묻지 아니하고

• "컵 안으로 물이 한 방울도 들어가지 못하도록 막고 있는 자, 그래서 상을 받을 자는 누구일까?"라고 묻는다.

그렇게 물었을 때 어린이들 모두가 나름대로 사고할 수 있으며, 그럼으로써 모든 어린이에게 수업의 최종 목표인 '사고력'이 길러질 수 있는 것이다.

V

전원이 동시 참가-동시 사고-동시 분류하기

1. 발문-거수-지명-발표 시스템의 폐기

현행 수업을 어린이들이 하는 발표의 관점으로 보면 문제점이 적지 않게 보인다.

소수의 어린이들이 거수하고 그중의 한 어린이가 지명받아 발표하고 여타의 거수아들은 다음 기회를 기다려야 한다.

이른바 발문-거수-지명-발표 시스템이 그것이다.

오늘날 거의 모든 학급에서 이 시스템에 의하여 수업이 이루어지고 있는바, 이것의 문제점은 학습을 제대로 하는 어린이들(이하 A군〈群〉)과 학습을 제대로 하지 못하였거나 아예 제자리에 앉아 있기만 하는 어린이들

(이하 B군〈群〉)의 양군으로 분열되는 현상이다.

이 양군의 분포 상황은 학급에 따라 다르지만 대강 A군 : B군=4 : 6의 비율로 이루어지고 있는 것이 일반적인 것으로 생각된다.

이 비율은 필자가 행한 1,200여 학급의 수업 참관의 결과를 통해서 결론 내린 비율이다.

따라서 이 비율은 정확한 것은 아니지만, 무근한 것은 아니라고 생각하고, 수업의 문제를 생각하거나, 논의할 때 이것을 근거로 하고 있다.

이와 같은 근거로 파악된 비율이지만, 4 : 6의 비율의 B군의 존재는 걱정스러운 일이 아닐 수 없다.

이 현상을 낳은 요인이 하나둘이 아니지만, 그중에서도 결정적인 요인의 하나가 되고 있는 것은 이른바 '발문-거수-지명-발표 시스템'이라고 생각한다.

이 시스템에 의하여 이루어지고 있는 발문은 우선 어렵다.

그 발문의 대부분이 "~은 왜 그러한가?", "~한 까닭은 무엇인가?", "~은 어째서 그러한가?"와 같이 묻는다.

필자는 이와 같이 묻는 발문을 "왜 까닭형 발문"이라고 약칭하고 있는 바, 이 발문은 무엇보다도 우선 어렵다.

우리가 어떤 문제에 부딪혀 해결하고자 할 때, 그것을 해결함에 필요한 지식, 상식, 경험, 자료 곧 문제 해결의 힌트를 어느 정도 가지고 있어야, 그것을 근거로 이모저모로 사고함으로써, 당면한 문제를 해결할 수 있게 된다.

그러한데 "왜? 까닭형 발문"에는 그 힌트가 전연 없이 오직 묻고만 있는바, 그래서 사고하기 어려운 것이다.

수업참관 시 수업자의 발문을 유심히 들어 보면 그 대부분이 위와 같이 난도 높은 "왜? 까닭형 발문"인 것이다.

이래서 발문에 대하여 응답하고자 거수하는 어린이들은 소수로 한정되어 있다.

이와 같이 현행 수업은 거수자, 곧 우수한 어린이들만을 대상으로 이루어지며, 발문이 어려워서 거수할 수 없는 그 밖의 어린이들은 그것을 구경하고 있는 단순한 출석자, 곧 교실이라는 물리적 공간의 일부를 점유하고 앉아 있기만 하는 단순한 출석자에 불과한 존재가 되어 있는 것이다.

이들은 이와 같이 이루어지는 수업으로 인하여, 다시 말하면 그와 같은 수업의 방법으로는 제대로 학습할 수 없는 이들은 그들의 적성에 맞는 방법으로 이루어지지 않는 수업으로 인하여, 학습을 제대로 하지 못한 채 오로지 한낱 단순한 출석자가 되고 있는 것이다.

되풀이되는 것 같지만, '발문-거수-지명-발표 시스템'은 우수한 어린이들, 곧 A군들만을 대상으로 수업하게 됨으로써 지적 장애가 없는 보통의 어린이들을 A・B 양군으로 분열시키고 있는 주범인 것이다.

따라서 B군으로 만들어지고 있는 어린이들을 낳지 않기 위해서는 그 요인의 하나가 되고 있는 '발문-거수-지명-발표 시스템'을 수업에서 영원히 폐기하여 버려야 한다.

그리하여 지적 장애가 없는 어린이인 한 그들 모두가 제대로 학습할 수 있도록 보장할 수 있는 수업을 하여야 한다.

필자는 이 문제를 해결할 수 있는 방법, 곧 죄 많은 '발문-거수-지명-발표 시스템'을 폐기하고 그 대안을 마련하기 위하여 오랫동안 찾아온 끝에 그 대안을 마련할 수 있었다.

'전원 동시 발표법'이 그 방법의 하나이다.

문자 그대로 전원이 제시된 발문에 대한 각자 나름의 생각을 마련하여, 그것을 전원이 동시에 발표하고, 동시에 같거나 비슷한 생각끼리로 분류하여 버리는 기술로서 '전원 동시 발표 및 분류법'이 그것이다.

이럼으로써 일부 어린이들만이 참가하는 죄 많은 수업을 버려버리고, 문자 그대로 학급 어린이들 전원이 참가하고 사고하며 분류하는 방법을 마련하였다.

다음에서 그 방법·기술을 논의하고자 한다.

2. 전원 동시 참가-동시 사고-동시 발표

어린이들 전원이 참가하고 발표하며, 같거나 비슷

한 생각끼리로 동시에 분류하는 방법들에 대하여 논의하고자 하는바, 다음이 그것이다.

- 파상형 전원 동시 발표
- 소신형 전원 동시 발표
- 카드형 전원 동시 발표
- 판서형 전원 동시 발표
- 선택형 전원 동시 발표
- OX형 전원 동시 발표
- 그룹형 전원 동시 발표
- 짝꿍형 전원 동시 발표

이상의 여덟 가지 방법이 있는바, 수업의 전개 상황에 따라 최적한 방법을 선택적으로 적용하도록 하여야 함은 췌언을 요하지 않는 바이다.

이 방법들은 그 적용이 적합한지, 적합하지 않은지에 따라 결과가 달라짐은 물론이지만, 제대로 적용되기만 하면 그 이름들이 말하여 주는 대로, 낙오자 없이 전원이 참가하고 무엇보다 이웃과 더불어 사고함으로써 각자의 사고의 너비와 깊이를 문자 그대로 향상적으로 변용시킬 수 있다.

이는 많은 선행된 실험 수업 과정에서 검증된 방법임을 감히 말하고 싶다.

1) 파상형 전원 동시 발표

이 방법은 제기된 문제에 대하여 다양한 생각이 유발될 수 있을 것으로 예상될 때, 전원의 생각을 동시에 발표하고 분류하기에 알맞은 방법이다.

① 파상형 전원 동시 발표의 도구

이 방법은 준비물이 필요하므로 그것을 먼저 논의하기로 한다.

우선 다음과 같은 표가 필요하다.

이 표는 자주 사용되므로, 다음과 같이 만들어 비치하였다가, 필요할 때 칠판에 펴 붙여 사용하도록 한다.

학급 어린이 전원이 20명인 경우를 예로 하여 설명하기로 한다.

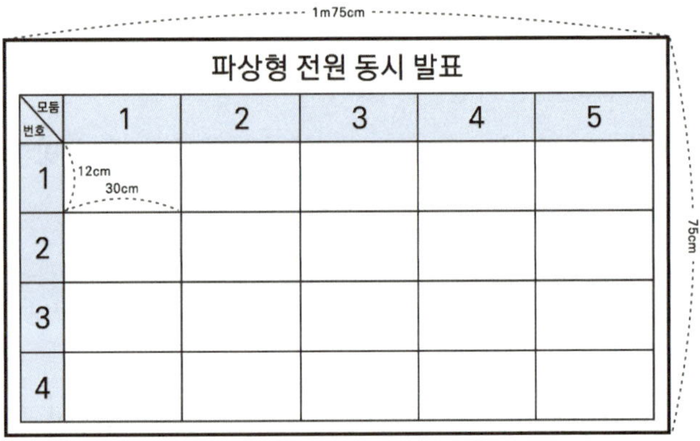

(그림 16)

- 모둠 …… 일반적으로 4명씩으로 이루어져 있는 소집단을 말한다.
- 번호 …… 각 분단은 4명씩이며, 이 4명에는 1, 2, 3, 4의 번호가 주어져 있다.
- 빈칸 …… 빈칸에는 다음과 같은 카드, 곧 A4 용지를 길게 2등분한 용지나, A4 용지를 코팅하여 길게 2등분하여 만든 카드(뒷면에다 자석을 붙여 칠판에 잘 붙도록 만든다)에 응답, 곧 짧게 요약된 각자의 생각을 보드마커 등으로 기록하여 붙인다.

• 이 표의 크기는 (학급의 어린이 수가 16명인 경우) 가로×세로=약 175cm×75cm의 크기로 만들면 알맞다.

말할 필요도 없지만, 이 표는 위와 같이 만들어 말아서 보관하여 두었다 필요할 때 사용하면, 학급 어린이 전원이 이웃과 더불어 재미있게 사고할 수 있는 편리하고 높은 효과를 거둘 수 있는 자료의 하나라고, 필자는 그때마다 절감하며 사용하고 있는 자료의 하나이다.

② 파상형 전원 동시 발표의 실제

그러면 이른바 '파상형 전원 동시 발표'는 어떻게 이루어지는가에 대하여 논의하기로 한다.

먼저 모든 수업이 그러한 것처럼 '학습문제'가 제시된다.

이어서 각자는 제시된 '학습문제'에 대하여 골똘히 사고하여, 각자 나름의 해결 방법을 마련하여 노트한다.

이때의 일련의 사고 과정을 모두 노트에 기록하면서 사고하여 나가도록 지도하여야 한다.

이 학습 방법이 몸에 붙도록 지속적으로 지도하여야 그 효과를 거둘 수 있다.

일반적으로 이러한 기록하면서 사고하는 좋은 방법을 지도하지 아니하고 있는 것이 현행 수업의 아쉬운 대목의 하나라고 생각한다.

하여간에 이렇게 골똘히 생각한 끝에 마련한 생각, 곧 직면한 문제의 해결 방법을 노트하였으면, 그것을 예컨대 20자 내로 짧게 요약하도록 지도한다.

여기에서 짧게 요약하는 것은 앞에서 이미 언급한 바 있지만 준비된 카드의 좁은 면에 보드마커 등으로 뒷좌석에 있는 어린이들도 잘 보이도록, 되도록 큰 글씨로 기록하여야 하므로, 글자 수가 되도록 적어야 한다.

위에서 논의한 바와 같이 각자의 생각이 요약 기록돼 있는 카드를 칠판에 붙어 있는 표의 각자의 칸에다 붙이는 것이다.

그러니까 먼저 모둠 번호 1번인 어린이들이 각자의 카드를 가지고 나와서 자신의 칸에다 붙이는 것이다.

이렇게 모둠 번호 1번인 어린이들이 각자의 카드를

각자의 칸에다 붙이고 들어가고, 곧 이어서 모둠 번호 2번 어린이들이 나와서 붙이는 것이 아니다.

이 점이 중요하므로 조금 자세히 설명하기로 한다.

모둠 번호 1번 어린이들이 각자의 카드를 각자의 칸에다 붙이고 들어가면, 이어서 전원이 하여야 하는 매우 중요한 일이 있다.

매우 중요한 일이란, 어린이들 전원이 1번 어린이들이 붙여 놓은 카드에 쓰여 있는 내용을 하나 하나 차례로 읽어 그 내용을 검토하며, 자신의 생각과 비교 사고하는 일을 하여야 하는바, 이 일이 매우 중요한 의미를 갖는다.

이 일은 방금 각자의 카드를 붙이고 들어간 1번 어린이들 각자도 자신 외의 3명의 이웃들은 어떤 생각을 하고 있는지를 살펴 비교·검토하는 일을 하여야 하기 때문이다.

그러니까 전원이 각 모둠의 1번 어린이들 각자의 생각을 착실히 읽어 보고, 각자의 생각과 비교하는 이른바 비교 사고를 하는 일이 중요하다.

수업의 최종 목표는 어린이들 각자로 하여금 사고

하게 함으로써 사고력을 기르는 일이기 때문이다.

비교 사고한 결과 자신의 생각과 완전히 같거나, 닮은 점이 있으면 자신감과 함께 사고한 보람을 실감하게 되며, 정반대되거나 다른 생각이 있음을 발견하게 되면 깊이 생각하여 이웃들의 생각에서 배워 필요에 따라 자신의 생각을 고쳐 쓰도록 하는 것이다.

이런 과정의 거듭되는 체험을 통하여, 이웃들 모두가 자신으로 하여금 보다 넓고 깊게 사고하게 함에 있어, 실로 소중한 존재들임을 터득하게 되는 것이다.

옳은 생각은 옳은 대로, 그러하지 못한 생각은 그러한 대로 그 모두가 각자로 하여금 비교 사고하는 기회를 마련하여 주고 있으며, 그러함으로 인하여 그들 모두가 나의 사고력을 기름에 있어 없어서는 아니 되는 실로 소중한 존재들임을 터득하게 되는 것이다.

이러함을 터득한 영수가, 조금 전 쉬는 시간까지도 놀리고 때리고 하였던 철수가 이 시간에 발표한 생각이 옳지 않음을 이모저모로 지적하여 발표하였는데, 철수로 인하여 자신이 생각할 수 있었음을 깨달았으며, 그 순간 철수야말로 나로 하여금 사고하도록 하여 준, 무엇보다도 소중한 사고력을 기를 수 있도록 하여 준, 소중하고 고마운 존재가 아닐 수 없음을 터득하게 될 수 있을 것이다.

이와 같이 소중한 사고력은 혼자서는 기르기 어렵고, 각자가 각자의 생각을 마련하여 서로 발표를 주고받음으로써 효과적으로 길러지는 능력임을 부단히 지도하여야 한다.

이와 같이 '파상형 동시 발표'를 비롯한 이하에서 논의하게 되는 이웃과 더불어 하는 학습의 기술은 분열돼 있는 학급사회의 심리적 풍토를 순화하는 효과까지 낳을 수 있음을, 필자는 실천을 통하여 체험하여 왔음을 감히 말하고 싶다.

논의가 잠깐 옆으로 나갔지만 여기에서 '파상형 동시 발표'의 다음 활동을 논의하기로 한다.

위에서 논의한 대로 각 모둠의 1번 어린이들이 각자의 생각을 발표함으로써(각자의 생각을 카드에 기록하여 그것을 표에 붙임으로써) 전원이 그것을 읽어 보고 각자의 생각과 비교 사고할 수 있게 함으로써, 어린이들 각자로 하여금 비교 사고하기 쉽도록 도와

주는 효과를 낳는 것이다.

곧 누구나 능동적으로 사고하기 쉽도록 도와주는 효과가 있는 것이다.

위와 같이 함으로써 각 모둠의 1번 어린이들의 발표를 끝내게 되며, 이어서 2번 어린이들이 위와 똑같은 방법으로 발표하게 된다.

곧 각자의 카드를 각자의 칸에다 붙이는 것이다.

A4 용지를 길게 2등분한 용지의 경우는 자석으로 눌러 붙여야 하며, 코팅하여 만든 자료는 각 장마다 뒷면에다 자석을 부착하여 놓았으므로 스스로 잘 붙게 된다.

이와 같이 각 모둠의 1번 어린이들의 발표가 끝나게 되면, 그때 비로소 2번 어린이들이 1번 어린이들과 똑같은 요령으로 각자의 카드를 붙임으로써 발표를 마치게 된다.

이상과 같이 전 어린이들이 1번 어린이들이 발표를 마친 뒤에 하였던 대로 각 카드 자료의 기록 내용을 읽어 보고, 각자의 생각과 비교 사고를 하여 생각에 변화가 생겼을 때는 자신의 카드는 그대로 둔 채, 변화된 생각을 노트에 적어 두도록 한다.

이렇게 하여 2번 어린이들이 발표를 끝내면 3번 어린이들이 나와서 똑같은 요령으로 발표를 하고(카드를 붙이고), 이어서 4번 어린이들이 똑같은 요령으로 카드를 붙임으로써 전원이 발표를 마치게 된다.

1, 2, 3, 4번 어린이들이 차례로 각자의 카드를 붙일 때마다 각자는 하나하나의 생각들과 자신의 생각과 비교 사고함으로써, 생각이 향상적으로 변용된 어린이들은 바꾸어진, 곧 새로 마련된 생각을 새 카드(이런 때에 사용하도록 하기 위해 카드를 2-3매 여유분을 배부하여 둔다.)에 바꾸어 기록하여, 처음에 붙여 놓은 카드 하고 바꿔 붙인다.

이럼으로써 어린이들 전원이 각자 나름의 다듬어진 생각을 전원이 알 수 있도록, 동시에 전원의 눈앞에 발표하는 것이다.

이렇게 '전원 동시 발표'가 이루어지게 되며, 전원이 자신의 생각과 학급의 모든 이웃들의 생각과 비교 사고함으로써 각자의 소박한 생각을 향상적으로 변용시킬 수 있는 것이다.

위와 같은 방법으로 만들어진 표는 각자의 생각이 산재되어 있어 전체 어린이들이 생각하는 경향을 파악하기가 쉽지 않다.

그러므로 같은 생각끼리로 분류할 필요가 있다.

그 매우 간단하면서 효과적인 방법이 있는 바, 표에 붙어 있는 카드의 내용이 A, B, C, D의 네 가지이었다고 가정하고 설명하기로 한다.

교사가 A카드 하나를 떼어 들고 "A생각을 한 어린이는 나와서 각자의 카드를 떼어 선생님께 주세요." 라고 지시하여, 해당 어린이들이 나와 떼어준 카드를 함께 모아 붙인다.

B, C, D 생각도 차례로 위와 같은 방법으로 모아 붙인다.

이로써 전원의 생각이 같거나 비슷한 생각끼리로 간단히, 빨리 분류되어 버린다.

이어서 같은 생각을 가진 어린이들끼리 모여 앉아 대표를 선정하여, 다음에 이루어질 토론을 대비하는 토의를 한다.

이상이 이른바 '파상형 전원 동시 발표'이다.

위의 전원 동시 발표 방법을 '파상형(波狀型)'이라 이름 지은 것은 다음과 같은 사연이 있다.

필자가 날씨 좋은 어느 날 서해의 어느 바닷가 모래밭에 앉아서, 위에서 논의한 전원 동시 발표법의 이름을 어떻게 지을지 생각하고 있었다.

조용히 밀려왔다 밀려가곤 하는 작은 물결을 보며 생각하고 있는데 작은 물결의 그 모습이 마치 1번 어린이들이 나와서 카드를 붙이고 들어가면, 이어서 2번 어린이들이 나오곤 하는 모습과 같이 연상되어 '앗 저것이닷!' 하는 혼잣말을 하였었다.

'파상형 전원 동시 발표'라는 이름은 이렇게 지어진 이름이다.

'파상'이란 말은 한자로서 '波狀'인 바, '물결이 밀려왔다 밀려가는 모습'이라는 뜻의 말이다.

어린이들이 나와서 카드를 붙이고 돌아가는 모습을 깨끗한 모래밭에 조용히 밀려왔다가 조용히 밀려가곤 하는 파도에 비유하여, 그 이름을 '파상형 동시 발표'라고 부르고 있다.

2) 소신형 전원 동시 발표

전원이 동시에 발표하는 또 하나는 '소신형(所信型) 전원 동시 발표'이다.

문자 그대로 당면한 문제에 대하여 각자가 판단한 바에 따라 선택하여 전원이 동시에 발표하는 방법이다.

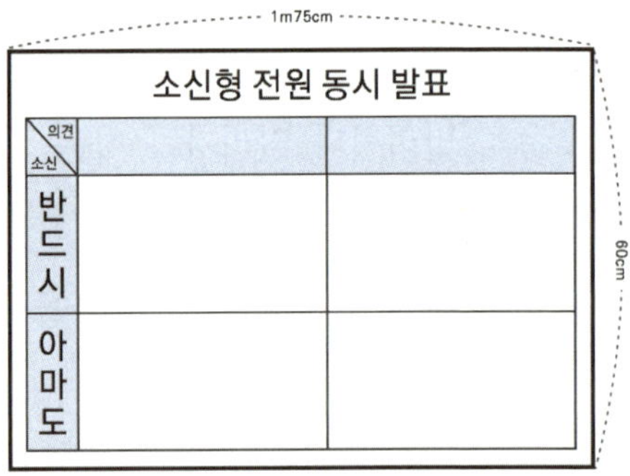

(그림 17)

이 방법도 앞에서 논의한 바 있는 '파상형 전원 동시 발표'와 똑같이 전원이 각자가 소신한 바대로 발표할 수 있는 장(場), 곧 표가 필요함에 따라 그에 관하여 먼저 논의하고자 한다.

- 소신 …… 자신이 소신하는 정도에 따라서 나타내는 란이다. '반드시 그렇다고 생각한다'와 '확실치

는 않지만 아마도 그러하지 않을까 생각한다.'의 둘 중에서 선택한다.

- 의견 …… 물음에 대한 의견 A, B 두 가지 중에서 선택하여 해당하는 란에 각자의 자석을 붙여서 나타낸다.

이 소신형 전원 동시 발표도 전술한 '파상형 전원 동시 발표'와 똑같은 요령으로 발표하도록 한다.

당면한 문제에 대한 논의 끝에 결국 A, B 두 가지 의견으로 대립되었을 때, 이 방법을 적용함으로써 전원으로 하여금 능동적으로 사고할 수 있게 하는 효과적인 방법의 하나이다.

'파상형 전원 동시 발표'에서 그렇게 하였던 것처럼 각 모둠의 1번들이 먼저 나와서 각자의 소신에 따라 각자의 자석을 해당 란에다 붙이고 들어간다.

이어서 전원이 그것을 보고 자신의 생각과 비교사고를 하며, 그 결과 자신의 생각에 변화가 있을 때는 생각을 바꾸어 마련한다.

이하는 '파상형 전원 동시발표'와 똑같은 요령으로

행함으로써 전원이 참가하고 쉼 없이 사고 활동을 거듭하여 나갈 수 있게 된다.

3) 카드형 전원 동시 발표

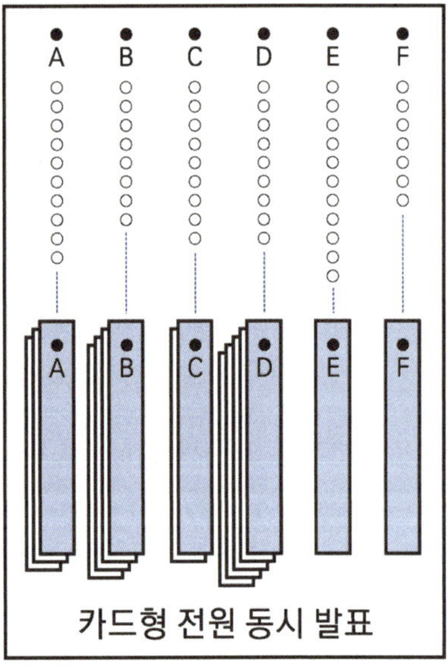

(그림 18)

앞에서 논의한 바 있는 '파상형 전원 동시 발표'와 '소신형 전원 동시 발표'는 큰 표를 마련하여 전원이 동시에 발표하였었는데, 여기에서는 카드를 활용하여 전원이 동시에 발표하며, 비교 사고함으로써 전원의 사고를 향상적으로 발전시켜 나가는 방법을 소개하고자 한다.

우선 각자가 각자 나름의 생각을 마련하여 지정된

용지에 기록한다.

이때 용지의 크기는 A4 용지를 가로로 4등분한 용지 또는 그것을 세로로 4등분한 크기 또는 그 밖의 크기의 용지 등 필요에 따라 마련하여, 이것을 배부하여 세로로 요약・기록하도록 한다.

전원이 기록을 마치면 예컨대 그날이 9일이면 출석번호 9번인 철수를 지명하여 기록한 카드를 가지고 나오게 하여, 발표하게 한다.

교사는 철수의 발표 내용을 요약하여 세로로 판서하고 그 아래에다 발표자인 철수의 카드를 자석으로 눌러 붙인다.

이어서 철수의 발표 내용과 같거나 비슷한 어린이들을 일어서도록 지시하고, 좋은 생각을 하였음을 칭찬하는 '슬기로운 머리'를 하게 한다.

"슬기로운 머리!"란 제기된 문제에 대하여, 자기 나름의 생각을 마련하여 그것을 기록하였을 경우와 같은 기회에 칭찬하는 방법의 하나이다.

그 방법은 해당하는 어린이 각자로 하여금 각자의 머리를 양손바닥으로 쓰다듬으며, "슬기로운 내 머리!"라고 말하며 자신의 머리를 칭찬하도록 하는 일이다.

일어선 어린이들이 "슬기로운 내 머리"를 마치면, 그들 모두로 하여금 각자의 카드를 가지고 나오게 하여, 교사가 그것을 받아 모아 (그림 18)과 같이 교사가 요약・기록하여 놓은 요점 아래에다가 자석으로 눌러 붙인다.

① 단시간 내에 어린이들의 다양한 생각이 분류되어 버린다.
② 각자는 하나의 생각이 나와 분류될 때마다 자신의 생각과 비교 사고함으로써 각자의 생각을 향상적으로 변용시켜, 고쳐 기록할 수 있도록 한다.
③ 비교 사고함으로써 그때마다 사고력이 향상적으로 변용되어 나아간다.

이때, 곧 수업 과정에서 자주하는 칭찬, 곧 '슬기로운 머리!', '좋은 생각이다!'라는 말은 이른바 '옳은 생각'을 하였음을 칭찬하는 뜻이 아니라, 열심히 생각하여, 각자 나름의 생각을 마련하였음을 칭찬하는 뜻으로 하는 말이다.

학습의 과정에서 중요한 것은 어린이들은 교사의 발문은 물론, 학습 과정에서 부단히 생각하여 그때마다 자기 나름의 생각을 마련하는 일이 학습을 제대로 함에 있어 중요 요인임을 이해시켜야 하는바, '슬기로운 머리!' 또는 '좋은 생각이다!' 등의 말이 그것이다.

하여간에 위와 같이 함으로써, (그림 18)에서 본 바와 같이 하나의 누락자도 없이, 말 그대로 전원이 동시에 참가하고 사고하여 기록하며, 발표하고 분류되어 버리는 것이다.

되풀이되지만 수업하는 교사이면 모두가 소망하였던 '전원이 참가하고', '전원이 사고하며', '전원이 발표하고', '같거나 비슷한 생각끼리로 동시에 분류하여 버리는' 그 일이 짧은 시간 내에 이루어져 버리는 것이다.

4) 판서형 전원 동시 발표

여기에서는 모든 교실에 설치돼 있는 칠판을 이용

하여 전원이 동시에 참가하고, 사고하며, 발표하는 수업의 기술을 소개하기로 한다.

새삼스러운 것 같지만 위에서 이미 논의한 경우나 여기에서 논의하려고 하는 판서형의 경우나, 이어서 논의하게 되는 모든 경우에 똑같이 교사가 제시한 문제에 대하여 어린이들 전원이 각자 나름으로 골똘히 사고하여야 하며, 그래서 마련한 생각을 기록하여 놓았을 때 비로소 각자에게 학습이 성립됨을 새삼스럽게 확인하고자 한다.

판서형 전원 동시 발표는 그림에서 보는 바와 같이 칠판을 모둠의 수만큼 세로로 분할하여, 각 모둠의 1번 어린이부터 차례로 나가 각자의 생각을 세로로 판서하는 발표 방법이다.

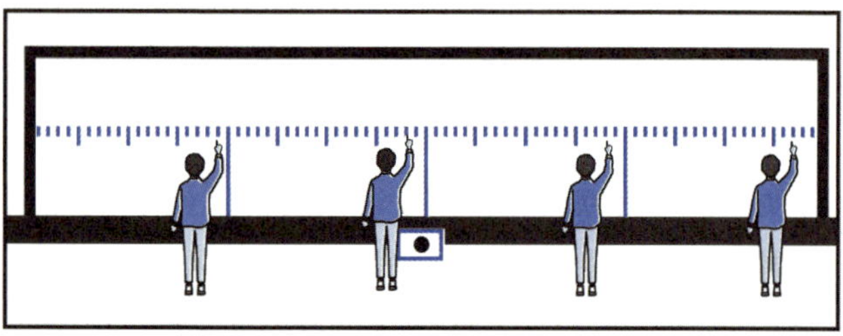

(그림 19)

이 방법도 다른 방법과 똑같이 각 모둠의 1번 어린이들이 판서하여 놓은 생각을 각자가 자신의 생각과 비교 사고하고, 그 결과로 각자의 생각을 향상적으로 변화시켜 나가야 한다.

하여간에 어린이들이 이웃들의 생각과 자신의 생각을 비교 사고하는 일을 습관화시켜 버리도록 일관되게 지도해 나가야 한다고 생각한다.

수업의 최종 목표는 어느 수업에서나 언제나 반드시 사고력을 기르는 일이며, 사고력은 각자가 실제로 사고함으로써만이, 사고한 만큼 길러지는 능력임을 잊지 않아야겠다.

Ⅵ 전원이 참가 · 사고 · 성취하는 수업의 기술

어떤 조건이 갖추어졌을 때 수업이 제대로 성립될 수 있을까?

많은 수업을 보아온 과정에서 일관되게 생각하여 온 과제였다.

수업이 마땅히 갖추어야 하는 조건을 제대로 갖추지 못하였거나 덜 갖추었다고 생각된 장면을 보고 느낀 아쉬움이다.

그 여러 가지의 수업이 마땅히 갖추어야 하는 조건 가운데에서도 가장 중요한 이른바 기저가 되는 것은 무엇이며, 그것을 어떻게 하였을 때 지적 장애가 없는 보통의 모든 어린이들이 제대로 학습할 수 있을까?

이 장에서는 이 문제에 대하여 논의하고자 한다.

1. 전원이 학습문제를 파악하고 있어야 한다

수업의 최종목표는 지적 장애가 없는 어린이 모두에게 사고력을 기르는 일이다.

이 사고력은 어린이들 각자가 직접 사고하였을 때만 길러지는 능력이다.

그러므로 어린이들 전원이 사고하지 않으면 아니 되지만, 그들은 아무 때나 교사가 의도하는 대로 사고하는 그런 편리한 존재들이 아니다.

어린이들을 비롯한 모든 인간이 스스로 사고하는 때는 각자의 내부에서 물음이 치솟아 올라왔을 때이다.

'앗! 이상하다? 왜 그러지?' 하는 물음이 내부로부터 치솟아 올라왔을 때 비로소 사고하게 된다.

수업은 고도로 계획적이며 체계적으로 이루어지는 일이다.

이러므로 어린이들이 원한다 하여 하고, 그들이 원하지 않는다고 하여 안 하여도 되는 그런 일이 아니다.

어린이들은 어디까지나 교사가 원할 때, 원하는 내용의 일을 행하고 사고하지 않으면 아니 된다.

이러므로 교사는 어린이들 전원이 교사가 원할 때 원하는 물음이 그들의 물음이 되어, 그들의 내부에서 치솟아 오르도록 꾀하지 않으면 아니 된다.

다시 말하면 어린이들을 교사가 원하는 때에 원하는 물음을 스스로 묻는 주체로 전환시키지 않으면 아니 된다.

특히 수업의 도입 단계에서 어린이들 전원에게 똑같은 문제의식을 갖도록 하여야 한다.

다시 말하면 도입 단계에서 어린이들 전원을 문제의 한복판에 세워야 한다.

내부에서 치솟아 오르는 문제의식은 모든 학습의 출발점이기 때문이다.

이와 같이 각자의 내부에서 치솟아 오르는 문제를 마련하였다 하더라도, 그것이 바로 모든 어린이가 사고할 수 있는 문제이기는 어려운 일이다.

어떤 어린이들에게는 지나치게 어려운 문제가 될 수 있고, 어떤 어린이들에게는 지나치게 쉬운 물음이 될 수 있기 때문이다.

따라서 문제의 난도(難度)를 알맞게 만드는 일을

하지 않으면 아니 된다.

이와 관련하여 Atkinson, J. W.의 가르침에서 배워야 한다.

그는 "성공의 확률이 50%인 경우에 달성 동기는 최고로 유발된다."고 가르쳐 주고 있다.

그러니까 당해 문제를 해결 사고하기 위해서 필요한 지식·정보·자료 등을 절반 정도는 가르쳐주고, 그것을 활용하여 나머지 절반의 문제를 해결 사고하도록 하여야 한다는 가르침이다.

곧, 필요한 만큼 가르쳐주고 사고하도록 하여야 한다는 가르침이다.

되풀이되지만 물음을 해결함에 필요한 힌트를 절반은 가르쳐주고 해결하도록 하여야 한다는 말이다.

그러했을 때 어린이들은 사고할 수 있는 능동적 주체로 될 수 있기 때문이다.

이와 관련하여 J. Dewey도 "제대로 진술된 문제는 절반은 해결되어 있다."고 가르쳐 주고 있다.

표현은 다르지만, 결국은 문제 해결의 힌트를 절반 정도는 주어야 한다는 가르침으로 생각된다.

부연하면 위의 가르침, 곧 '힌트를 절반 정도 주어야 한다.'는 가르침은 어린이 각자에게 '어쩌면 해결할 수 있을 것도 같고, 어쩌면 어려울 것도 같다.'고 느껴지는 난도의 문제로 만들어 주어야 한다는 말이 아닐까 생각된다.

2. 전원이 자기 나름의 해답을 마련하여 기록한다

수업은 교사가 물음을 던짐으로써 시작되고, 물음을 던짐으로써 끝나는 일이라고 말할 수 있을 만큼, 수업은 발문에 의하여 이루어지는 일이라 말할 수 있다.

이렇게 발문이 던져져야 하는 것은 어린이 각자를 사고하는 능동적 주체로 전환시켜야 하기 때문이다.

그렇지만 모든 어린이들은 묻기만 하면 사고하여 주는 그런 편리한 존재들이 아닌 데 어려움이 있다.

이러므로 묻되 어린이들 각자가 능히 사고하여 각자 나름의 생각을 마련할 수 있는 난도의 발문을 던져야 한다.

동시에 어린이들 전원이 그 발문을 받아 말 그대로 각자 나름의 생각을 마련하여 기록하도록 지도함으로써 그것이 습관화되도록 하여야 한다.

결코 교사의 머릿속에 있는 생각(흔히 그것을 이른바 '정답'이라고 말하고 있다.)이 아니라 각자의 머릿속에서 생각하는, 아마 이것이 아닐까 생각되는 그것을 정리하여 노트에 기록하는 일을 습관화되도록 지도하여야 한다.

수업의 최종 목표는 사고력을 기르는 일이며, 사고력은 각자가 직접 사고함으로써만이 길러지는 능력이므로, 저마다가 직접 사고하여야만 하는 것이다.

이때 그것이 어려워서 할 수 없다면 짝꿍의 생각을 그대로 자신의 생각으로 마련하여 기록하는 것이다.

이렇게 하는 것은 전원으로 하여금 참가하고 사고하도록 하는 것이 수업의 최종 목표인 사고력을 기름에 있어, 수업하는 교사가 행하지 않으면 아니되는 최소한의 임무이기 때문이다.

짝꿍이나 그 밖의 이웃의 생각을 자신의 생각으로

하여 기록하고, 그것을 발표하고 있으면, 어느덧 그것이 자신의 생각이 되고, 뿐만 아니라 그것이 자신의 생각을 이끌어내는 구실을 하여 '자기 나름의 생각'을 마련할 수 있게 되기 때문이다.

어쨌든 이렇게 하여 전원이 자기 나름의 생각을 마련하도록 한다.

자기 나름의 생각을 가지고 이웃들의 생각에 접하게 되면, 자연스럽게 비교 사고가 이루어져, 보다 더 타당한 생각을 마련할 수 있게 된다.

아시는 바와 같이 수업의 최종 목표는 어린이 각자의 사고력을 기르는 일이다.

사고력은 각자가 실제로 사고함으로써만이 길러지는 능력이다.

이와 같이 사고 활동이 이루어지도록 함에 있어 없어서는 아니 되는 것이 자기 나름의 생각이다.

자기 나름의 생각을 가지고 있으면, 이웃들의 발표에 접할 때마다 비교 사고가 이루어지며, 각자가 실제로 사고할 수 있게 됨으로써 사고력이 길러질 뿐 아니라 보다 더 타당한 생각으로 향상적으로 변용되어 나가게 되므로, 자기 나름의 생각은 그것이 아무리 소박한 것이라 하더라도 각자가 직접 마련하여야 한다.

자기 나름의 생각을 가지고 있을 때만이 인간은 지적으로 성장하기 때문이다.

3. 기록하면서 사고한다

사람이 해결하지 않으면 아니 되는 어떤 문제에 부딪혔을 때 그것을 해결하기 위해서 사고하게 되는데, 이때에 머릿속에서만 그 해결 방법을 생각하는 사람이 있다.

그런가 하면 생각나는 모든 것을 그때마다 일일이 기록(記錄)하면서 문제 해결의 방법을 모색하는 사람도 있다.

이와 같이 문제 해결의 접근 방법은 크게 두 가지가 있다 하겠다.

일반적으로 기록하는 일은 곧 사고하는 일이므로

위의 후자와 같이 기록하면서 사고하고, 사고하면서 기록하도록 지도하는 것이 바람직한 일이다.

다시 말하면 크고 작은 문제를 만났을 때마다 기록하면서 생각하는 것이 문제를 해결하는 최선의 방법이라고 생각한다.

이럼에도 불구하고, 필자가 참관한 1,200여 학급의 어느 학급에서도 그렇게 지도하는 수업을 보지 못하였었다.

필자는 이 일도 현행 수업의 큰 문제점의 하나라고 생각한다.

현행 수업의 최대 문제점인 A・B 양군화 현상을 낳은 요인의 하나라고 생각하고 있다.

이에 여기에서는 기록하면서 사고하는, 사고하면서 기록하는 학습방법에 대하여 논의하기로 한다.

1) 기록하는 일이 곧 사고하는 일이다

기록하는 일이 곧 사고하는 일인가?

이 물음에 대한 해답을 먼저 권위님들로부터 가르

침을 받기로 한다.

우선 니시무라 · 가쓰미 교수는 "사고력을 제고하기 위한 최적한 방법은 누가 뭐래도 기록하면서 사고하는 방법이다."라고 말하고 있다.

마에다 · 히로시 교수는 "기록하는 일은 논리의 훈련이며, 사고의 훈련으로 이어진다."고 말하고, "기록함으로써 자신의 생각을 심화시킬 수 있다."고 말하고 있다.

후쿠다 · 오스케 박사는 "기록하는 일은 온몸으로 사고하는 일이며, 새로운 생각이나 보다 심화된 생각을 낳게 한다."고 말하고 있다.

아라다 · 가스마사 교수는 "노트는 사고하는 작전기지이다."라는 유명한 말을 남겼다.

그는 "무엇이든지 생각나면 노트에 기술하는 습관을 들여야 한다."고 말하고 "기술한 양과 질은 정비례한다.", "내가 쓴 원고의 길이만큼 나는 성장한다."고도 말하고 있다.

"노트는 사고의 작전기지"라고 말한 그는 "우리는 기술하면서 생각하고, 생각하면서 기술하고 있다."고도 말하고 "자신은 알고 있다고 생각하고 있었던 일이 그것을 막상 노트에 기술해 보면 전연 알 수 없는 일이 있다."고도 말하고 있다.

"여러 가지로 이모저모로 기술하고 있으면 생각이 떠오르거나, 뜻밖의 새로운 생각이 떠오를 때도 있다."고도 말하고 있다.

끝으로 John C. Maxwell의 가르침을 소개하기로 한다.

"떠오르는 즉흥적 생각을 머릿속에서 자문자답하며 다듬어간다. 그러나 그보다 더 좋은, 아니 가장 좋은 방법은 그것을 종이에다 기록하는 방법이다."

이상 몇 분의 권위님들의 가르침을 살펴보았는데, 요컨대, 외람되지만 '노트에 기술하는 일은 곧 어린이들 각자로 하여금 사고하게 함에 있어 우수한 방법의 하나'라고 말할 수 있을 것 같다.

내놓을 것이 하나도 없는 필자의 체험 속에서도 기술하는 일과 관련하여 체험한 일이 생각난다.

얼른 생각이 나지 않을 때 늘 그러는 것처럼 이것저것 생각나는 것을 순서 없이 기록하고 있노라면,

생각하지도 못하였던 일이 떠오르거나, 생각이 모아지는 것을 체험하곤 하는 일이 생각난다.

생각나는 대로 기술하는 일, 그것은 어린이로 하여금 사고하게 함에 있어 매우 우수한 방법의 하나임을 알 수 있다 하겠다.

여기에서 이미 필요 없는 말이겠지만 논의하고 가고 싶은 일이 하나 있어 적어보기로 한다.

그것은 이미 앞에서 논의하였지만, 교사의 머릿속에 있는 오직 하나의 생각을 알아맞히도록 하는 그 일을 결코 해서는 안 되는 일이라는 것이다.

교사의 머릿속의 정답이라는 것에 사로잡혀, 사고의 날개를 펴지 못하고, 그것에 사로잡혀 있도록 하는 일을 결코 하여서는 안 된다.

애완견이 그 목줄에 매여 있어 목줄을 반경으로 하는 원 안에서만 제한된 움직임을 하는 것처럼, 교사의 머릿속의 생각을 알아맞히도록 하는 일은 절대로 해서는 안 되는 일이다.

그 어떤 것에도 사로잡힘이 없이 주어진 문제에 관하여 각자 나름의 생각을 펼 수 있는 데까지 펼 수 있도록 보장하는 일이, 곧 사고력을 기르는 방법의 하나인 것이다.

2) 기록하는 방법

① 무엇을 기록할 것인가?

- 자기 나름의 생각
- 이상하다고 생각한 일
- 떠오른 생각
- 이웃들의 발언 내용
- 판서 내용

② 언제 기록하여야 하나?

- 이웃들의 발표를 들으면서
- 조사한 후에
- 글을 읽고 곧바로
- 발문을 받고 생각하면서
- 생각이 떠오르면 곧바로
- 되도록 자주

③ 얼마나 기록하여야 하나?

- 한 단위 수업 시간에, 학습장 2페이지에, 여러 가지 내용을, 가득 기록함을 목표로 한다.

④ 어떤 방법으로 기록하나?

- 처음에는 낱말로 메모한다.
- 차차 개조식으로 기록한다.
- 문장으로 기록한다.

VII

발표 내용을 경청한다

1. 현행 수업의 문제점의 하나

현행 수업의 결정적인 문제점의 하나는 어린이들이 이웃들의 발표를 귀담아듣지 않는 현상이다.

어린이들이 학습을 제대로 함에 있어 중요한 조건의 하나는 수업 중에 이루어지는 이웃들이 발표하는 내용을 경청(傾聽)하는 일이다.

그리하여 이웃들의 발표 내용을 듣고 비교 사고 함으로써 자신의 생각의 일부를 고치거나, 아예 모두를 버리고 발표된 내용대로 바꾸거나 하는 등 소박한 생각을 향상적으로 변용시켜 나가는 일을 하여야 한다.

이럼에도 불구하고 현행 수업에서는 이웃들의 발

표는 거의 모든 어린이들이 경청하지 않는 현실이 있는 것이다.

이에 결코 바람직하지 않은 이 현상의 요인이 나변에 있는가를 생각하여 보기로 한다.

두 가지가 있다고 생각한다.

1) 교사와 어린이들의 인식의 잘못

결론부터 말하면 교사의 발문과 그에 대한 어린이들의 응답에 관한 양자의 인식이 철저히 잘못되어 있는 데 그 요인이 있다고 생각하고 있다.

교사는 발문이란 자신이 던진 물음에 대한 답, 곧 자신의 머릿속에 마련돼 있는 답을 어린이들로 하여금 알아맞히도록 하기 위해서 묻는 일로 인식하고 있는 것 같다.

어린이들은 교사들의 그런 생각으로 인하여, 그들이 발표하는 것은 교사의 머릿속에 있는 이른바 답을 옳게 알아맞혔는가의 여부를 평가받기 위해서 하는 일로 인식하고 있는 것 같다.

교사의 발문이 떨어지면 일부의 어린이들이 거수

하고, 그중의 한 어린이가 지명받아 발표한다.

발표 내용이 교사의 머릿속에 있는 이른바 정답과 일치하지 않으면, 간단한 신호를 보내어 알아맞히지 못하였음을 알리고, 그것은 어떤 하나의 의미 부여도 없이 조용히 버려져 버린다.

그러면 아까 거수하였던 어린이들이 다시 거수하고 아까와 같이 지명받아 발표한다.

그것이 교사의 머릿속에 있는 이른바 정답과 일치하지 않으면 앞서와 같이 처우하고……, 교사의 머릿속에 있는 이른바 정답이 나올 때까지 위와 같은 일이 되풀이된다.

그러다가 한 어린이가 이른바 정답, 곧 교사의 머릿속에 마련돼 있는 답을 발표하게 되면, 크게 반기고 칭찬하며, 그에 대한 보충 설명을 하고 수업은 다음으로 흘러간다.

현행 수업의 거의 모든 발문과 그 처우가 위와 같은 방법으로 이루어지고 있는 것이다.

이 현상이 무엇을 말하고 있을까?

발문이란 교사의 머릿속에 있는 이른바 정답을 알

아맞히도록 하기 위해서 던지는 물음이라고 인식하고, 어린이들은 교사의 머릿속에 있는 오직 하나의 이른바 정답을 알아맞히었는가를 평가받기 위해서 하는 일이라고 인식하고 있음을 확실히 말해주고 있다.

이래서 어린이들은 이웃들의 발표를 경청할 필요가 없어서 귀담아듣지 않는 것이다.

각자가 교사의 머릿속의 정답을 옳게 알아맞히었는가의 여부를 평가받기 위하여 하는 일이니, 그 어린이의 일이고 나와는 무관한 일이므로 들을 필요가 없는 것이라고 인식하고 있는 것이다.

그래서 일부 어린이들은 평가받고자 그 기회를 얻으려 노력하고, 그 밖의 어린이들은 자신들과는 무관한 일로 생각하고 듣지 아니하고 방관하거나 각자 나름의 일을 하고 있는 것이다.

이래서 수업의 결과는 소수의 제대로 학습한 어린이 군(群)과 다수의 불완전하게 학습하거나 실패한 어린이군의 양군으로 분열되고, 이것이 지난 80여 년간 학급을 A・B 양군으로 분열시켜 온 주요 요인의 하나이었던 것이다.

2) 각자의 성장과 이웃들의 생각

어린이들은 각자의 생각의 범위 내에서만 생각한다.

그러나 이웃들과의 대화를 통해서 자신은 아직 생각하여 보지도 못하였던 사실이나 생각을 알게 된다.

이런 체험을 통해서 자신이 성장해 나감에 있어 이웃이 없어서는 아니 됨을 알게 된다.

이웃의 발표를 경청하지 아니하였던 것은 위와 같이 자신이 성장함에 있어 이웃들 생각이 절대로 필요함을 체험하지 못하였기 때문이었음을 깨닫게 된다.

이것은 위의 일에 대한 지도가 이루어지지 아니한 결과의 소산임은 말할 것도 없다.

어린이들이 이웃들의 크고 작은 발언을 경청하지 아니하였던 까닭이 여기에 있었던 것이다.

2. 경청하여야 하는 필요성

아시는 바이지만 수업은 교사와 어린이들의 양자 간의 상호작용으로써만 이루어지는 일은 아니다.

교사와 어린이들의 양자 간의 상호작용만으로는 그 결과에 어떤 제한적 한계가 있기 마련이다.

이 일은 교사라면 각자의 실천을 통해서 너무나 제대로 알고 있는 사실이다.

어린이들은 더 이상 학습할 수 있는 가능성을 가지고 있음에도 불구하고, 위에서 말한 한계로 인하여 제자리걸음을 하지 않을 수 없는 것이다.

그것은 '이웃과 더불어 학는 학습'을 통하여서만이 할 수 있는 것이다.

이 수업의 구체적인 방법에 대하여서는 별도의 장을 마련하여 논의하여야 하므로 여기에서는 이웃들의 발표 경청하기에 한하여 생각해 보기로 한다.

수업이란 제시된 문제를 해결하기 위해 각자가 가진바 지식 · 상식 · 경험 · 자료 등을 종합적으로 활용하여 이웃과 더불어 이모저모로 논의하며 사고함으로써 문제를 해결하고, 그 과정을 통하여 사고력을 기르는 일이다.

다시 말하면 혼자의 힘만으로는 당면한 문제를 해결하며 학습을 제대로 하기엔 한계가 있는 것이다.

각자가 가진바 문제 해결력을 다하여 사고하고, 그런 각자가 각자의 생각을 아낌 없이 제시하여, 이웃과 더불어 적극적으로 논의함으로써 각자의 소박한 생각이 갈고 다듬어져서, 타당한 생각으로 보다 타당한 생각으로 향상적으로 변용되어 나가는 것이다.

이럼으로써 개인으로서는 누구도 생각해 낼 수 없는 다듬어진 생각을 찾아낼 수 있는 것이다.

위와 같은 학습이 이루어지기 위해서는 각자가 이웃들의 발표를 경청하지 않으면 안 된다.

경청하는 과정에서 각자는 부단히 이웃들의 생각과 자신의 생각을 비교 사고하며 자신의 생각을 다듬어 나가야 한다.

일부를 수정하기도 하고, 그 전부를 버리고 새로 마련하기도 하며, 자신의 생각을 뒷받침하는 논리를 새로 마련하기도 하는 등 부단히 비교 사고하며 갈고 다듬어나가야 한다.

이러기 위해서는 이웃들의 생각을 귀 기울여 경청하지 않으면 아니 된다.

이와 같이 이웃들의 생각을 경청하는 일은 최선의

학습 방법의 하나이다.

보석이 처음에는 심히 예쁘지 않은 원석이었지만, 그것이 갈고 다듬어져서 아름다운 보석으로 탄생되는 것처럼, 소박하기 그지없는 각자의 생각이 이웃들과의 절차탁마의 과정을 거쳐, 마치 보석이 그러한 것처럼 경청함으로써 갈고 다듬어지는 것이다.

이 과정에서 어린이들은 우수한 생각으로부터만 배우는 것이 아니라는 사실을 알 수가 있다.

발표되는 어떤 생각도 모두가 각자의 사고의 필터를 거쳐 나온 과정에서 그것에 대하여 '일단 생각하게 됨으로써' 각자의 사고에 기여하게 되는 것이다.

이러므로 발표되는 어떤 생각도 각자에게 의미 없는 생각은 없음을 알 수 있다.

바꾸어 말하면 이웃이란 그들 모두가 각자의 지적 성장을 위하여 그 누구도 버릴 수 없는 소중한 존재임을 알 수 있다.

이와 같이 이웃이 있으므로 내가 지적으로 성장할 수 있다는 사실을 터득한 순간 어제까지 그토록 희롱의 대상이었던 이웃이 내가 성장함에 있어 더없이 소중한 존재임을 깨닫게 되는 것이다.

그러고 보니 마음을 열어 놓고 이웃의 생각을 경청하는 일이야말로 매우 소중한 학습 방법의 하나가 아닐 수 없음을 알 수 있다.

이상으로써 '생각 하나가 나올 때마다 어린이들은 전원이 함께 진리에 한 걸음씩 다가간다.'는 말의 뜻을 이해할 수 있을 것이다.

그리고 이 일이 이루어지기 위해서는 '발문이란 교사의 머릿속에 있는 정답을 알아맞히도록 하는 일'이라는 잘못된 인식으로부터의 완전한 해방이 전제되어야 함을 다시 한번 명기하여야 한다고 생각한다.

3. 경청하는 방법

위에서 어린이들이 지적으로 성장함에 있어 경청하는 일이 실로 소중한 일임을 논의하였다.

그것이 소중한 만큼 경청하는 방법이 중요한 일임

을 알 수 있는바 다음에 그 방법에 대하여 논의하도록 한다.

1) 자기 나름의 생각을 가지고 듣는다

이웃들이 논의하는 어떤 일에도 논의 주제가 있기 마련이다.

이웃들의 말을 들을 때에는 그 주제에 대한 자기 나름의 생각, 곧 자기 나름의 잠정적 해답을 가지고 있어야 한다.

자기 나름의 생각을 가지고 있을 때 이웃들의 말을 경청할 수 있게 되기 때문이다.

자기 나름의 생각을 가지고 있으면, 남들은 어떻게 생각하고 있는지 궁금하여서 남의 말을 경청하게 된다.

2) 기록하면서 듣는다

기록하는 일은 단순히 기록하는 일에 그치지 않는다.

기록하기 위해서는 기록할 내용을 마련하여야 하는바, 이 일이 곧 사고하는 일이다.

기록하고 있으면 그러기 전에는 전연 생각나지 아니하였던 생각이 떠오르는바, 모두가 경험하고 있는 일이다.

이러므로 자신이 사고할 때는 물론 남의 말을 들을 때에도 반드시 기록하면서 듣도록 함으로써 습관화되도록 지도하여야 한다.

3) 말하는 이의 쪽으로 몸을 향하여 듣는다

흔히 '몸으로 들어야 한다'는 말을 하는데, 말하는 이의 쪽으로 몸을 향하여 들어야 함을 이르는 말이다.

그러면서 말하는 이의 눈을 보면서 듣는다.

흔히 '눈으로 듣는다'는 말을 하는데 이를 두고 하는 말이다.

4) 고개를 갸웃하거나 끄덕이면서 듣는다

말하는 사람은 듣는 이들의 반응이 있어야 신이 난다.

이것은 하나의 에티켓이기도 하다.

흔히 남의 말을 마음으로 들어야 한다고 말하는 데,

고개를 갸웃하거나 고개를 끄덕이는 등 제스처를 하며 들음을 말하고 있는 것이다.

5) 자신의 생각과 비교하며 듣는다

자신의 생각과 비교하면서 들어야 한다.

그리하여 조금이라도 자신의 생각보다 좋은 생각으로 인정되면 자신의 생각의 일부 또는 전부를 고쳐 나가도록 한다.

이럼으로써 자신의 생각을 향상적으로 변용시켜 나가는 것이다.

6) 질문 사항을 메모한다

발언을 듣는 가운데 모르거나 애매한 일이 있을 때는 곧 메모한다.

질문 사항을 가졌다는 것은 발언 내용을 충실히 들었다는 증거이기도 하다.

Ⅷ

감각기관을 풀 가동한다

1. 어린이의 본성

모든 일이 다 그러하겠지만, 특히 수업은 모름지기 그에 임하는 어린이들에게 재미있는 일이어야 함은 말할 것도 없는 일이다.

그럼에도 불구하고 어린이들이 말하는 오늘의 수업은 재미있는 일이기만은 아닌 것 같다.

가만히 앉아서 교사와 일부 우수한 어린이들이 하는 언동을 보고 듣기만 하는 일이 너무 자주 그리고 길게 이뤄지고 있기 때문이다.

바꾸어 말하면 손과 팔다리 등 몸을 움직여 또는 어떤 물리적 자료를 다루면서 학습하는 일이 별로 없기 때문이다.

어린이를 비롯한 모든 인간은 손, 발 등 온몸을 움직이면서 생활한다.

그래서 인간에게 있어 움직이지 아니하고 가만히 있기가 가장 고통스러운 일의 하나인 것이다.

우주인의 훈련 과정 중에서 아무 일도 하지 아니하고 밀실에 가만히 있어야 하는 밀실 훈련이 가장 고통스러운 과정이었다고 우주인들은 말하였다고 한다.

두말할 것 없이 인간은 움직이지 않고서는 생활할 수 없는 동물이기 때문이다.

오늘날 어린이들에게 수업이 재미없는 주요한 요인의 하나는 그들의 몸을 움직이는 기회와 시간이 너무 적은 데 있는 것이다.

백화점의 완구점에서 본 일이다.

그곳에 온 어린이들은 모두 건전지의 힘으로 궤도를 열심히 달리고 있는 모형 기차 앞에서 발길을 멈춘다.

기차는 언덕을 넘어 터널을 지나, 다리를 건너 똑

같은 궤도를 똑같은 속도로 똑같은 소리를 내면서 몇 번이고 되풀이하여 돈다.

처음엔 재미있게 보고 있던 어린이들은 이내 발길을 옮긴다.

자신은 아무 일도 하지 않은 채, 저쪽이 하는 똑같은 일만을 보고 있기란 싫증 나는 일이다.

이번에는 운동장 구석의 모래장에서 흔히 볼 수 있는 어린이들의 모습이다.

서너 명의 어린이들이 촉촉이 젖은 모래를 쌓아 산을 만들고, 굴을 뚫고, 길을 만들며 놀고 있다.

언제나 끝내려는가 하고 기다려 보지만 쉽게 끝낼 기미가 보이질 않아 이쪽이 바빠 더 이상 보지 못하고 발길을 옮겼다.

손, 팔, 다리 등 온몸을 움직이며 하는 일은 지치지도 싫증나지도 않는 듯하다.

어린이들은 손, 발, 다리 등 온몸을 사용하여 기구를 다룸으로써 하는 작업을 좋아하며, 지속적으로 주의를 집중한다.

인간 특히 어린이들은 잠을 자면서도 그의 몸을 부

단히 움직이는, 움직이지 않고는 살 수 없는 그런 존재들이다.

그러므로 어린이들로 하여금 가만히 앉아서 보고, 듣게만 하는 그런 수업은 움직이고자 하는 인간의 본성을 억제한 가운데 이루어지는 일이므로, 그런 상황하에서 학습을 제대로 하기란 어려운 것이다.

이러므로 어린이 하나하나가 보고, 듣고 함은 물론 손, 팔, 다리 등 온몸의 어느 기관이라도 필요에 따라 자유롭게 사용하면서 곧 본성을 살려 소정의 학습을 할 수 있도록 수업이 이루어져야 한다.

그렇게 하였을 때 흥미·관심을 한 초점에 모아 지속적으로 활동하여 기대하는 학습을 할 수 있는 것이다.

위에서 어린이들은 움직이는 존재이므로 수업은 어린이들이 그들의 손, 팔, 다리 등 온몸의 필요한 기관을 움직임이 필요함을 논의하였던 바, 이 움직임, 곧 활동을 이후의 이 글에서는 '작업'이라는 말로 표현하기로 한다.

2. 수업에서의 작업의 여러 가지

수업에서 이루어지는 작업은 헤아릴 수 없이 많이 있을 것이다.

다음에서 그것을 정리하여 보고자 한다.

1) 조사하기 … 사전 등 문헌자료에서 조사하기 등
2) 운동하기 … 일어나기 및 앉기, 걷기와 뛰기 등
3) 조작(操作)하기 … 구체물 조작하기, 기기(機器) 조작하기
4) 표현하기 … 모방하기, 연극 등 표현하기
5) 신호하기 … 손가락, 색 카드 등으로 신호하기
6) 확인하기 … 기록물 점검하기, 평가하기 등
7) 읽　　기 … 일제히 소리 맞춰 읽기, 개별로 읽기
8) 말 하 기 … 일제히 암창하기, 발표하기
9) 토의하기 … 짝꿍끼리, 모둠원끼리, 전체 토의하기
10) 듣　　기 … 교사의 설명, 이웃들의 발언 듣기
11) 짓　　기 … 제한 시간 내에 짓기, 생각한 내용 기록하기
12) 쓰　　기 … 메모, OX 등 기호로 나타내기, 노트

정리하기

13) 보　　기 … 컴퓨터 등 기기를 이용하여 영상화면 보기, 시범 활동

14) 그 리 기 … 도표, 약화, 지도 등 그리기

15) 만 들 기 … 종이로 만들기, 찰흙으로 만들기, 구성하기

16) 꾸 미 기 … 색종이로 꾸미기, 조립하기

17) 관찰하기 … 실물 관찰, 변화 상황 관찰

18) 찾　　기 … 답 찾기, 선택하기

19) 실험하기 … 약물을 가하여 변화 실험하기

이상과 같은 작업들이 적절하게 선택, 사용될 때 어린이들은 효과적으로 학습할 수 있게 된다.

새삼스러운 말이지만, 아무것도 행하지 아니하고도 학습이 성립되는 일은 없을 것이다.

어떤 내용의 학습이든 그 학습에 최적한 행동을 함으로써 성립되는 것이다.

다시 말하면 학습 목표를 달성함에 최적한 행동을 각자가 선택하여 행함으로써만이 학습은 성립되는

것이다.

따라서 학습 목표 달성 여부는 목표를 달성함에 최적한 행동, 곧 작업의 선정 여부에 달렸다 할 것이다.

3. 작업을 빈번히 하도록 하여야 하는 이유

필자가 교장직 재임 시절에 보았던 사실 하나를 소개하기로 한다.

전근되어 처음으로 수업 중에 학교를 일순하였을 때 보았던 일이다.

4학년의 한 학급에서 이상한 현상을 보았다.

교실의 뒤에 넓은 공간이 마련돼 있는 것이었다.

당시는 학급당 어린이 수가 50여 명 때이었다.

교실 뒷면에 넓은 공간을 마련하기 위해서는 어린이들이 책상 사이에 끼어 있다는 표현이 알맞을 만큼 책상과 책상 간의 공간적 여유가 없이 바짝 붙어 있어야 가능하게 된다.

연극과 같은 어떤 활동을 하기 위해서 그러는 것으

로 생각하며 지나갔다.

궁금해서 오후에 복도를 지나면서 보니 그대로였다.

엊그제 부임한 교장이 물어보기도 조심스러워 궁금한 채로 다음날을 맞았다.

다음날도 종일토록 그런 상태이었다.

수수께끼를 풀기 위해 방과 후에 교실로 가서 교사를 만나 이야기를 들었다.

그 교사의 해명을 듣고 문자 그대로 깜짝 놀랐다.

수업 중에 어린이들이 손발 등 몸을 많이 움직여서 학습에 지장이 많으므로, 움직이지 않도록 하는 여러 가지 방법을 시도하여 보았는데 효과가 없어, 공간을 좁게 하는 방법을 생각하여 실시한 결과 효과가 좋다는 이야기이었다.

까닭을 듣고 벌어진 입이 다물어지지 않는 지경이었다.

책상 사이에 끼어 앉아 있으니, 어린이들은 팔이며 다리 등 몸을 움직일 수가 없으니 괴로움에 학습이 제대로 이루어질 리 없을 것이라는 생각을 하지 못한 채, 움직이지 않고 있으니 학습이 잘되고 있는 것으로 착각하고 있는 것이었다.

그것은 이미 수업도 학습도 아닌 고문 그 자체인 것이었다.

서대문 형무소가 일제가 나라의 독립을 위하여 싸운 애국지사들을 잡아 가두고 비인도적 고문을 비롯한 온갖 만행을 다한 곳임은 우리가 다 아는 바이지만, 그곳에 가서 보니 벽관이라는 고문 기구가 있었다.

벽관이란 말 그대로 벽에 기대어 세워 놓은 관이라는 뜻의 고문하는 기구라는 해설이 쓰이어 있었다.

대중소의 세 개의 관이 벽에 기대어 세워져 있었다.

그중의 하나에 들어가서 서 있는 채 문을 닫았다.

그야말로 몸을 조금도 움직일 수 없었으며, 시간이 흐를수록 표현하기 어려운 육체적 심리적 고통으로 인하여 더 이상 참을 수가 없어 튀어나와 버렸다.

그런지 여러 해가 지났지만 악랄한 일제의 만행을 잊을 수가 없다.

이상의 이야기는 어린이는 감각기관을 움직일 수 없도록 억제당하면 학습이 이루어지기 어려움을 말하고자 한 이야기이었다.

그럴 경우 학습이 이루어지기 어려운 것은 어린이들은 손을 비롯한 감각기관을 매개로 하여 사고하기 때문이다.

다시 말하면 감각기관이 자유롭게 움직일 때 비로소 뇌가 사고하는 일을 제대로 할 수 있기 때문이다.

그래서 오늘날 뇌과학은 "손은 제2의 뇌"(丸山尙子, 手で考える, 東京:黎明書房, p.72)라고 가르쳐주고 있으며, 일찍이 칸트는 '감각기관은 노출된 뇌'라고 말하였던 것이었다.

이런 사실로써 감각기관이 자유롭게 움직일 때 뇌가 사고라는 일을 할 수 있음을 알 수 있다.

이러므로 뇌로 하여금 제대로 기능하도록 하기 위해서는 손을 비롯한 감각기관을 풀 가동하도록 하여야 하겠다.

요컨대 어린이는 감각기관을 매개로 하지 않고서는 사고하기 어려운 존재이므로 그것을 자유롭게 구사할 수 있는 물리적 조건의 조성과 심리적 풍토의 양성(釀成)에 진력하지 않으면 아니 되겠다.

IX

성공 체험을 거듭 쌓아 올린다

그 유명한 아르키메데스(BC 287~BC 212)의 '유레카'로부터 이야기를 시작하기로 한다.

왕관이 순금인지 여부를 확인할 때, 금의 비중은 알고 있었으므로, 부피만 알면 판정을 할 수 있었다.

다른 한 편 물이 가득 들어 있는 목욕탕에 들어갈 때 넘치는 물의 양은 잠긴 신체의 부피와 같다는 사실도 알고 있었다.

어느 날 그가 목욕을 하기 위하여 한쪽 다리를 탕 안으로 넣는 순간에 이 두 가지 기지(旣知)가 하나의 것으로 결합됨으로써, 그동안 꼭 막혀 있었던 해법을 통찰할 수 있게 되었다.

그 기쁨이 어찌나 컸던지 옷 입을 것을 잊고 벌거벗은 채 "나는 알았노라!"를 외치며 시가지를 달려 연구실까지 뛰어갔다 한다.

몰랐던 것을 알았을 때의 헤아리기 어려운 큰 기쁨은 비단 아르키메데스의 경우뿐만은 아니고 만인이 또한 그러하다.

우리의 현행 수업의 최대의 문제점으로 A·B 양군화를 지적한 바 있지만, B군이 만들어지는 최대의 요인은 그들에게는 학습이 거의 전적으로 재미가 없는 일에 기인하고 있음을 앞에서 지적한 바 있다.

학습의 재미의 유무는 전적으로 학습 내용을 알고 모름에 의하여 결정되는데, 물론 교사의 본의는 아니지만, 결과적으로 A군(群) 어린이들만 제대로 학습할 수 있는 방법으로 수업이 이루어짐으로 인하여 B군이 만들어지는 것이다.

학습을 제대로 하지 못한, 이른바 B군 어린이들은 365일 동안 'B군'이라는 메시지가 끊임없이 발신되는 것처럼 느껴지는 현장에서 열등감, 차별감, 소외감을 되씹으며, 급식 먹고 돌아가는 것이 그들의 학교생활의 전부인 것이다.

이 질곡 속에서 그들을 해방시키는 일이 오늘의 수업이 해결하여야 하는 초미의 과제라고 생각한다.

그러하기 위해서는 지적 장애가 없는 보통의 모든 어린이들이 학습에서 기쁨을 만끽하도록 재미있는 수업이 이루어지도록 해야 하는 일이다.

이 일은 지금까지 그러하여 온 것처럼 구호만으로는 되지 않는 일이다.

실제로 그러할 수 있는 방법 기술의 레퍼토리를 모든 교사가 풍부하게 가지고 있는 가운데, 경우에 따라 선택적으로 적용하여 수업이 이루어져야 한다.

외람된 말이지만 필자는 평생 이 방법·기술의 실천적 연구를 하여 왔으며, 이것을 공유재산화하기 위한 일도 함께 하고 있다.

여기에 그와 관련해 가장 비근한 예를 하나 들어보고자 한다.

다음날 학습을 제대로 할 수 있기 위해서는 전시까지에 학습한 내용, 곧 지난 시간까지 이미 학습을 마친 이른바 선수학습 내용을 제대로 알고 있어야 하므로, 이것을 충실하게 갖추도록 하기 위하여, 지난 시간까지 이미 학습한 이른바 선수학습 중에서 중요한 내용을 엄선하여 그것을 시험문제로 만들어 학습 전일에 가정학습으로 제시하는 것이다.

문제뿐만 아니라 답도 별지로 만들어 주어 스스로 시험을 보고 아울러 채점도 하여 보도록 하여, 답을 제대로 맞히지 못한 문제에 대하여는 재학습하도록 하는 과제를 제시한다.

다음날 당해 교과의 수업의 시작과 함께 정식으로 시험을 치른다.

가정에서 이미 학습한 바 있었기 때문에 거의 모든 어린이들이 만점 맞는 기쁨을 만끽하게 된다.

그런 후에 본시 학습으로 들어가게 된다.

이와 같이 수업의 첫머리에서 만점 맞은 기쁨의 만끽과 함께 본시 학습문제에 대한 저항 요인이 없도록 하여, 본시 학습으로 진입하도록 하는 것이다.

그러니까 모든 어린이들로 하여금 만점 맞은 성공체험과 함께 본시 학습의 밑다짐을 튼튼하게 하여 본시 학습으로 진입하게 하는 것이다.

위와 같이 수업의 모두(冒頭)에서 본시 학습의 문제에 대한 저항 요인이 없도록 할 뿐만 아니라, 만점 맞은 기쁨과 희망을 안고 학습에 들어가도록 하는 것이다.

필자가 실시한 바 있는 시범수업에서 위와 같은 방법의 수업을 시범한 바가 있었는데, 위의 일과 관련하여 하나의 의미 있는 사례가 있어 적어 보고자 한다.

수업 후에 담임 교사가 보내온 '시범수업 참관 소감' 중에 다음과 같은 반가운 소식이 있었다.

필자의 수업 중에 한 어린이(평소에 학습에 제대로 참가하지 아니한 이른바 학습부진아이었다고 함)가 만점 맞은 시험지를 세 번이나 책상 안에서 살짝 내보곤 하는 것을 보았다는 사실을 적어 보내 주었다.

처음으로 만점 맞은 그는 그 기쁨을 억제할 수 없어 그렇게 행한 것으로 생각되어 짠한 생각을 금할 수 없었다.

여기에서 이와 관련되는 더 많은 이야기를 할 필요가 없을 것 같다.

하여간에 시간마다 어린이들 각자가 학습하는 기

쁨과 성공감을 쌓아 올려가는 수업의 실현을 위하여, 수업 기술의 레퍼토리를 풍부하게 체득함으로써 모든 어린이들이 아르키메데스와 같이 "나는 알았노라!"를 실현할 수 있게 되기를 기원한다.

X

'들고양이'가 된 어린이의 이야기

1. 어느 어린이의 이야기

마치 거짓말 같은 실화를 하나 소개하고자 한다.

1977년 가을의 어느 날이었다.

그때 필자는 교감직에 있었다.

키가 나지막한 중년의 자모님 한 분이 필자를 찾아 오셨다.

필자는 근심 어린 표정을 짓고 있는 그 분의 표정을 보고 여느 자모님들처럼 공부하기를 싫어하는 자녀 이야기를 하실 것으로 짐작하고 마주 앉았었다.

그런데 그런 필자의 예상이 완전히 빗나간 이야기를 하였었다.

필자는 그 자모님의 첫마디를 듣고 적이 놀라지 않을 수가 없었다.

아들이 6학년인데, 요 며칠 동안 잠도 제대로 자지 않은 채, 공부를 너무 많이 하고 있으니, 어지간히 하도록 지도하여 달라는 하소연을 하시는 것이었다.

사연은 이러하였다.

이 어린이는 1주일쯤 전부터 새벽 2시경까지 공부하다 쓰러져 자곤 한다고 하였다.

책상 위에서 엎드려 그대로 잠이 들곤 하기 때문에 그대로 두었다간 건강을 잃을 것만 같아, 크게 걱정이 되어 도움말을 듣기 위하여 찾아 왔다는 것이었다.

당시 필자의 근무교는 '학습자 각자가 주체적으로 학습하는 지도기술의 연구'라는 주제를 걸고 3년째 모색 중이었다.

자모님의 이야기를 듣고 있는 필자는 매우 기뻤지만, 자모님의 걱정이 너무나 크고 진지하여, 그런 표현을 억누르고 대응하였었다.

하여간에 이 이야기의 경우는 조금은 특수한 케이스이어서 기쁨을 감추고 위로의 말씀과 지도에 최선을 다하겠음을 약속드리고 이야기를 끝냈다.

방과 후에 당해 어린이를 조용한 방으로 불러, 우선 그의 비할 데 없이 훌륭한 탐구 의욕과 자세를 크게 칭찬하여 주었다.

창백하게 야윈 얼굴에 총명한 미소를 지으며 기뻐하였다.

그는 어느 교과이든지 학교의 학습 진도보다 앞서서 예습하고 있다고 하였다.

학교의 진도보다 한 문제라도 더 앞서가는 것이 재미있으며, 그렇게 예습할 때 누구에게도 어떤 참고서에도 의지하지 않고, 스스로 풀려고 노력하고 있다고 말하였다.

바로 그 즈음에 당면한 수학 문제 한 문제가 풀리지 않아, 마음이 편치 않아 잠을 못 잔다는 요지의 이야기를 제법 조리 있게 말하였다.

하도 신통하여 언제부터 그렇게 공부하게 되었는가를 물었더니, 필자로서는 매우 놀랍고도 기쁜 이야기를 하여 주었다.

"작년에 그러니까 5학년 때, 5학년 전원이 강당에

모였을 때 교감선생님께서 들려주신 '들고양이와 집고양이 이야기'를 듣고 그때부터 들고양이처럼 살려고 노력하여 오고 있습니다."와 같은 요지의 설명을 하여 주었었다.

필자는 그의 말을 듣고, 그를 말 그대로 꼭 껴안아 버렸었다.

2. 집고양이와 들고양이의 이야기

독자님들께서 궁금히 여기실 것으로 생각되어, 여기에 들고양이 이야기를 소개하기로 한다.

일본의 교토대학의 총장을 지낸 바 있는 히라사와・히로시 박사가 실시한 유명한 실험에 '집고양이와 들고양이의 뇌의 실험'이 있다.

갓 낳은 집고양이 뇌와, 역시 갓 낳은 들고양이 뇌를 해부하여 비교하였다.

완전히 똑같았다.

이번에는 세 살 난 집고양이와 들고양이의 뇌를 해

부하여 비교하였다.

갓 낳은 새끼들의 경우와는 완전히 다르게, 한쪽의 뇌는 거의 완전히 발달되어 있지 않았으며, 다른 한쪽의 뇌는 똑같은 고양이 뇌인가 의심하게 될 만큼 크게 발달하여 있었다.

박사는 이 두 마리의 고양이, 곧 똑같은 세 살짜리 들고양이와 집고양이의 뇌를 다음과 같은 방법으로 실험을 하였다.

우선 대형 강당에 그림과 같은 대형 시설을 설치하였다.

안에 있는 어떤 고양이도 쥐도 나올 수 없도록 된 시설이다.

우선 만 3살 된 집고양이와 똑같이 만 3살 된 들고양이를 똑같이 3일간을 물 이외에는 아무것도 먹이지 않은 채 굶겼다.

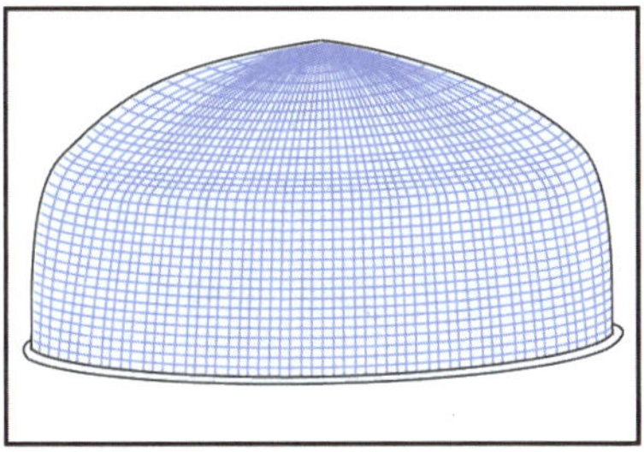

(그림 20)

이어서 위의 시설의 왼쪽 구멍으

로 살찐 큰 쥐 한 마리를, 반대쪽의 두 구멍에서는 3일간을 똑같이 물 이외의 아무것도 먹이지 않은 굶은 건강한 집고양이 한 마리와 똑같이 굶은 건강한 들고양이 한 마리를 두 사람이 한 마리씩을 꼭 잡은 채 저 쪽의 구멍으로 내다보이고 있는 살찐 큰 쥐를 보여준다.

그러자 그것을 본 3일간을 굶주린 고양이들은 서로 뛰어 나가려고 몸부림을 친다.

이윽고 신호와 함께 두 마리의 고양이와 쥐를 망 안으로 동시에 놓아주고, 구멍을 막아버렸다.

두 마리의 고양이는 서로 먼저 쥐를 잡으려고 있는 힘을 다하여 뛰었고, 쥐도 있는 힘을 다하여 도망하였다.

피아가 있는 힘을 다하여 달리는 바람으로 좀처럼 잡히지 않는다.

이렇게 한참 동안 쫓고 쫓기는 상황 가운데 한 마리의 고양이가 쫓기를 포기한 듯 앉아 버린 채 쫓기는 쥐를 노려보고, 그것을 본 다른 한 마리는 신이 난 듯 더욱 힘껏 달렸다.

그때 포기한 듯 앉아서 저들의 모습을 지켜보고 있던 고양이가 어떤 일인지 입을 크게 벌렸다.

그러자 쥐가 앉아서 입을 벌리고 있는 고양이의 입 속으로 뛰어들어 버렸다.

물론 쥐가 일부러 앉아서 입을 벌리고 있는 고양이의 입 속으로 뛰어든 것은 아니지만, 마치 그러한 것처럼 보였다.

승리자가 된 고양이는 스스로 뛰어 들어온 쥐를 맛있게 먹었다.

승리자가 누구인가를 알고자 한 이 실험은 완전히 성공하였으며, 승리자가 누구인가를 알게 되었다.

승리자는 예상하였던 대로 들고양이다.

몇 번 되풀이된 이 실험의 결과는 언제나 똑같이 들고양이가 성공하였었다.

이때 들고양이가 언제나 승리자가 된 것은 우연일까? 필연일까?

이 사실을 확인하고자 이 실험은 되풀이하여 이루어졌었다.

이 실험에서 언제나 들고양이가 승리자가 된 것은 필연적인 결과일까, 우연적인 일일까?

말할 것도 없이 필연적인 결과이다.

3년이란 긴 시간 동안 집고양이는 그가 필요한 크고 작은 모든 일을 그때마다 주인이 해결하여 주므로, 스스로는 거의 아무것도 해결하여 본 실천적 경험이 없으므로, 앞서와 같은 실험 상황에서 단순히 도망가는 쥐를 쫓는 일만 하고 있었던 것이다.

이와는 완전히 달리 들고양이는 3년이란 긴 시간 동안 생사를 넘나드는 크고 작은 문제에 직면하여, 온몸으로 해결하며 살아 온 과정에서 학습된 문제해결력을 사용함으로써 승리자가 된 것이다.

곧 그는 뒤를 쫓는 과정에서 이렇게 생긴 이만한 공간에서 다음에는 어디로 갈 것이라는 것을 예상하여 그곳에 가서 마치 쫓는 것을 포기한 것처럼 앉아 있었으며, 예상대로 오는 것을 보고 입을 벌리고 있었던 것이다.

오랜 기간에 걸쳐 적에게 쫓겨 보았고, 먹이를 쫓아 본 장난이 아닌 목숨을 건 체험 과정에서 터득한 삶의 법칙에 의해서, 어디로 올 것이라는 것을 예측하고, 그곳에 앉아 기다리고 있었으며, 그때가 되니 입을 크게 벌리고 기다리고 있었던 것이다.

그래서 그는 승리자가 된 것이었다.

XI

가상의 어린이 '순이'의 등장

1. '순이'는 누구인가?

'순이'는 가상의 어린이다.

수업의 대상이 돼 있는 현전의 어린이들과 동학년의 어린이로서 수업 과정상의 필요에 따라 등장시키는 가상의 동학년 어린이이다.

따라서 남녀 어느 쪽으로 할 것인가, 이름을 무엇으로 할 것인가는 어린이들에게 친근감이 가는 이름으로 하면 어느 쪽이든, 상관이 없다.

그는 필요에 따라 교사를 대신하여 필요한 발언을 해 줌으로써 막힌 사고의 물꼬를 터주는 등 매우 중요한 구실을 해 주는, 수업 과정에 없어서는 아니 되는 소중한 존재이다.

어린이들이 어떤 한계에 부딪쳐 더 이상의 생각을 내놓지 못하고 사고가 정체되어 있을 때, 등장시켜 다른 관점의 생각을 내놓거나 힌트를 제시함으로써 막혔던 사고의 길을 열어주고, 때로는 어린이들이 제시한 생각의 일부 또는 전부를 부정함으로써 어린이들의 심진(心震)을 일으켜 지적으로 긴장을 분발케 하기도 한다.

어린이들로부터 여러 가지 생각이 나왔지만, 수업을 진행해 나감에 있어 반드시 필요한 의견의 하나가 제시되지 아니했을 때, 다시 말하면 어린이들이 능력의 한계에 부딪쳐 고민하고 있을 때, 참신한 생각을 내놓음으로써 어린이들에게 사고 방법의 하나를 시사해 주기도 한다.

뿐만 아니라, 어린이들이 어떤 하나의 정답을 내놓고 그것을 뒷받침하는 근거 등을 생각하지 아니할 경우 등에, 그럴듯한 논리로 뒷받침된 오답을 제시하여 반박함으로써 어린이들을 지적으로 헷갈리게 하고, 더 깊고 넓게 사고하지 않을 수 없는 계기를 마련해 주는 등 다양한 구실을 하는, 필자의 수업에는 없어서는 아니 되는 귀한 존재이다.

위에 말한 '순이'의 구실을 교사가 할 수도 있지만, 굳이 '순이'로 하여금 하게 하고 있는 데에는 다음과 같은 이유가 있기 때문이다.

모든 어린이들이 언제나 반드시 그런다는 말은 아니지만, 어린이들은 일반적으로 교사의 지적 권위에 위압감을 느끼기 쉽다.

따라서 어린이들의 생각과 대립되는 생각을 교사가 제시하여 사고하게 하려 할 때 교사가 제시한 생각에 안이하게 영합해 버려 더 이상 사고하려 하지 않는 경향이 있다.

뿐만 아니라, 다인수 학급에서도 그러하지만 특히 소인수 학급에서 나타나기 쉬운 현상이 하나 있는 바, 자신과 친하거나 또는 개인적으로 위압감을 느끼고 있는 친구와 다르거나 모순되는 의견을 내놓았을 때에는 그와의 친근감에 상처가 날까 또는 보복당할까 두려워 반론을 펴기 어려운 것이다.

그러나 그것을 가상의 인물인 '순이'의 생각이라고

제시하였을 때에는 그런 생각에서 해방되어 자유롭게 말할 수 있는 것이다.

그래서 '순이'는 학급 어린이들에겐 사고를 자극해 주는 어린이, 늘 부정적으로 공격하고 응수하는 학습의 라이벌, 곤란에 처해 있을 때 적절히 도와주는 조력자로서, 어린이들의 학습을 촉진하고 도와주는, 없어서는 아니 되는 가상의 동학년 친구인 것이다.

2. '순이'를 등장시켜야 하는 필요성

사람은 누구나 생활 과정에서 생기는 일에 대하여 자기 나름의 생각을 갖기 마련이지만, 그 생각이 언제나 보편타당한 것은 아니다.

독선적 아집일 수도 있고, 착각하고 있을 수도 있으며, 일면성을 면치 못하고, 편파성을 가지고 있을 수도 있다.

뿐만 아니라, 사람들은 누구나 능력에 한계성을 가지고 있으며, 흔히 약점, 불충분성, 천박성을 면하지 못하는 의견을 말하기도 한다.

이러면서도 스스로는 그것을 인지하지 못하고 자기만족하고 있을 수 있다.

어린이들이 위와 같은 약점을 안고 있는 생각을 내놓고 일단 만족하고 있을 때가 있는 바, 이럴 때에 어린이들의 시야를 넓혀주고 생각을 심화 확충시키기 위하여 교사들은 여러 가지 방법으로 도움을 줘야 하게 되는데, 그 효율적인 방법의 하나로 '순이'를 등장시켜, 그로 하여금 교사가 하고자 하는 말을 대신 하도록 하는 것이다.

"이 일에 대하여 순이는 여러분들과는 다른 생각을 하고 있습니다." 하고 말하면 '순이'의 등장에 이미 익숙해진 학급의 어린이들은 "우리의 지적 호적수가 또 나타났구나!" 하고 긴장하며, 심진을 일으켜, 그들의 생각을 스스로 재음미, 재검토하게 된다.

"순이는 우리들과 정반대되는 생각을 하고 있습니다. 어떤 생각을 하고 있을까요?", "순이가 그렇게 생각하는 것은 어떤 일과 관련이 있을까요?", "순이의 생각과 여러분들의 생각을 비교하여 보고 생각한 바는 무엇입니까?" 등으로 발문함으로써 그들이 사로잡혀 있는 생각에서 해방되어 넓고 깊게 사고하게 되는 것이다.

이러므로 정말로 제대로 알기 위해서는 모순 대립되는 생각이 반드시 필요한 것이다.

되풀이되는 것 같지만 순이로 하여금 제시하게 하는 의견은 많은 경우에 학급 어린이들의 생각과는 대립되거나, 그들의 생각을 부정하거나, 헷갈리게 하는 생각들이다.

그것도 학급 어린이들이 자명한 일로 믿고 있는 바를 부정하거나 헷갈리게 하는 그럴듯한 논리로 뒷받침되어 있는 의견을 제시하는 것이다.

모두가 자명하다고 믿고 있는 터에 순이의 의외의 의견을 맞아 여러 가지로 생각하며 응수하게 되고, 순이 또한 그에 맞응수하는 이른바 '부정의 응수'가 이루어지며, 그런 과정에서 어린이들은 각자의 전지를 다하여 사고하게 되므로 그들의 사고는 발전하며, 객관적으로 보다 타당하고 다듬어진 생각으로 향상적으로 변화 발전하는 것이다.

되풀이되지만 정말로 깊이 사고하고 제대로 알기 위해서는 가지고 있는 생각과 모순 대립되는 생각이 반드시 필요한 것이다.

여기에 '순이'를 등장시켜야 하는 필요성이 있는 것이다.

3. '순이'를 등장시켜야 할 경우

1) 상식적인 결론으로 만족하고 있을 때

5학년 도덕과 교과서에 나오는 예화이다.

이웃 사람들로부터 구두쇠 할아버지라는 별명과 비웃음을 받으면서 절약 생활을 하고 있는 노인의 이야기이다.

어린이들은 이 할아버지의 검소한 생활에 크게 감명을 받고 예외 없이 본받을 만함을 인정하고 그렇게 하자는 다짐을 하였다.

교사는 질문이 있는가를 물었지만 반응이 없었다.

얻어진 결론으로 인하여 야기되는 일에 대하여 생각하고 있는가를 물은 것이다.

어린이들의 반응이 없음에 따라 수업자(필자)는 수업을 마치려는 제스처를 하면서, 문득 생각이 난 듯 다음과 같은 말을 하였다.

잊을 뻔 했는데, 여기에서 순이가 하나의 생각을 내놓았습니다. "우리가 얻은 결론처럼 우리나라의 모든 사람이 할아버지와 같이 생활한다면, 우리나라에 큰 변화가 일어날 것 같다."는 것이었습니다. 순이의 의견에 대하여 여러분은 어떻게 생각합니까?"

결론이 남으로써 수업이 끝나는 것이 아니라, 결론으로부터 수업이 새로 시작된 것이다.

수업자(필자)는 "순이의 말대로 우리나라의 형편이 정말로 크게 달라질까요? 각자 자기 집 형편을 중심으로 생각하여 봅시다."라고 힌트를 제시하였다.

잠시 생각하게 한 후 아버지께서 잡화점을 경영하고 있는 어린이에게 "너의 집 가게의 형편은 어떻게 달라지겠니?"하고 물었다.

그는 잠시 생각한 후에 말하였다.

"모두가 물건을 아껴 쓰니까, 가계의 물건이 잘 팔리지 않아서, 수입이 줄어들 것 같습니다."

"우리 집은 옷 가게를 하고 있는데, 모두가 절약하느라고 옷을 사지 않을 것이며, 따라서 우리 가게도 역시 수입이 적어져 큰일 날 것 같습니다."

연이어 어린이들이 비슷한 의견을 내놓았다.

일이 심각하게 전개될 것으로 생각이 바뀌어 가고 있음을 알 수 있었다.

"이어서 가게에서 물건이 팔리지 않는 현상에 대하여 순이는 '큰 변화가 일어날 것 같다.'고 지나친 걱정을 한 것 같은데, 여러분의 의견은 어떤가요? 소집단별로 각자의 생각을 이야기 나누어 봅시다."라고 지시하였다.

소집단 토의를 마치고 토의 결과를 발표케 한 바, 어린이들의 생각은 크게 발전하여 있었다.

"가게에서 물건이 안 팔리면 그것들을 생산하고 있는 공장에서도 생산을 중지하게 한다.

그러면 종업원은 일자리를 잃고 수입이 없어지며, 그럼에 따라서 그 원료를 공급하고 있는 사람들이, 그에 의해서 원료를 생산하고 있는 사람들 역시 안되는 등 줄줄이 수입이 없게 되어 모두가 가난해져 버린다.

그러므로 전 국민이 구두쇠 할아버지처럼 생활한다면 우리나라는 가난한 나라로 되어 버릴 것이라는 순이의 의견은 옳다."는 요지의 이야기를 이구동성으로 하였다.

구두쇠 할아버지처럼 사는 것이 옳다는 결론을 내렸던 어린이들의 처음 생각은 스스로에 의하여 부정당하고, 그렇다면 저금하지 않는 것이 옳은가를 새삼스럽게 생각하는 것이었다.

처음에는 깊이 생각해 보지도 아니하고, 그들이 이미 가지고 있는 생각, 곧 '절약하는 일은 좋은 일'이라는 판단을 한 것이다.

"결론으로 수업을 끝내지 아니하고, 그 결론으로 새로 수업을 시작해야 한다." 한 까닭이 바로 여기에 있는 것으로 생각된다.

순이의 등장은 어린이들로 하여금 개념적이며 상식적인 천박한 사고에 그치지 아니하고, 새삼스럽게 의미 있는 사고 활동을 할 수 있도록 하여 주는 생산적인 수업 기술의 하나라고 생각한다.

2) 장벽에 부딪쳐 제자리걸음을 하고 있을 때

학습문제를 풀어 나가는 과정에서 전원이 어떤 난관에 부딪혀 누구도 풀어 나가지 못하여 더 이상 나아가지 못하고 제자리를 뱅뱅 돌고 있는 때가 흔히 있다.

이때 교사가 가르쳐 줘버리거나, 곧바로 힌트를 주어 나아가도록 함으로써 난제와 싸워 이기는 경험의 기회를 빼앗아 버리는 경우가 적지 않는 것이 일반적 현실이라고 생각한다.

그러나 이때야말로 어린이들 각자가 생각하고, 이웃과 더불어 생각함으로써 문제를 해결하는 체험을 하기에 좋은 기회인 것인바, 이때에 교사가 적극 나서는 것보다 '순이'로 하여금 필요 최소한의 도움을 줌으로써 어린이들의 힘으로 문제를 해결하는 체험을 하도록 하여야 한다고 생각한다.

역시 필자가 공개한 바 있는 수학과 수업에서 예를 들어보기로 한다.

분수의 나눗셈은 5-(나)의 둘째 단원 '분수의 나눗셈'에서 처음으로 학습하게 돼 있는바, 학급 담임에 의하여 이미 알고리즘의 지도가 되어 있는 상태이었다.

수업이 시작되자 곧바로 $\boxed{3 \div \frac{2}{5}}$를 판서하여 해결하도록 지시하였다.

문제가 주어지자 이미 학습한 분수의 나눗셈의 알고리즘을 적용하여 전원이

$\boxed{3 \times \frac{5}{2} = \frac{3 \times 5}{2} = \frac{15}{2} = 7\frac{1}{2}}$ 라고 정해답 하였다.

이 문제를 준 수업자(필자)의 의도는 전원으로 하여금 $7\frac{1}{2}$이라는 정해답을 얻어낼 수 있는가를 알아

보고자 하는 데 있지 아니하였다.

알고리즘, 곧 나누는 수를 역수로 만들어 나누어지는 수와 곱하는 까닭을 설명할 수 있는가를 알아보고자 하는 데 있었다.

어린이들의 심진을 일으키기 위하여, "여러분은 모두 $7\frac{1}{2}$라고 답했는데 순이는 $7\frac{1}{5}$라고 합니다. 순이의 설명을 들어봅시다."라고 말하고, 다음과 같은 그림을 판서하여 순이를 대신하여 설명하였다.

"그림과 같이 3에는 $\frac{2}{5}$가 7번 들어 있고 $\frac{1}{5}$이 남습니다. 그러므로 $7\frac{1}{5}$이라는 겁니다. 어떻습니까? 순이의 생각이 틀립니까!?" 하고 다그친다.

한동안 침묵이 흐른 뒤 "틀립니다." 하는 한 어린이의 반응이 있었다.

「순이」의 풀이

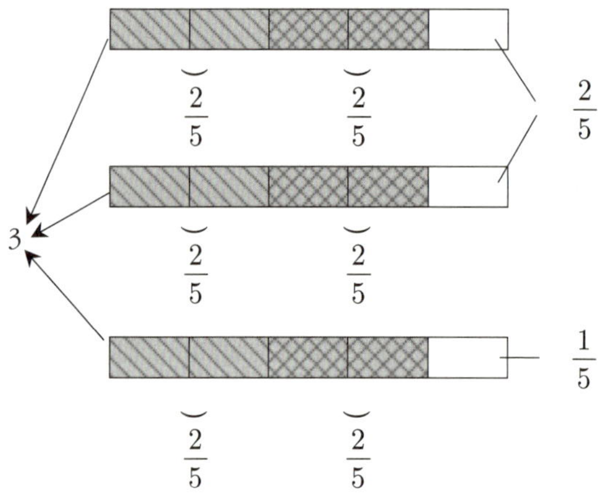

이러므로 $3 \div \frac{2}{5} = 7\frac{1}{5}$

(그림 21)

"어떤 점이 틀리는지 설명해 보세요."라고 반문하였다.

몇 명의 어린이가 거의 똑같은 순서, 곧 알고리즘을 말할 뿐 더 이상의 반응이 없이 침묵만이 흐른다.

이때가 이른바 '전원이 장벽에 부딪혀 더 이상 나아가지 못하고 제자리걸음을 하고 있는 때'인 것이며, '순이'를 등장시켜야 하는 최적 시기인 것이다.

한참의 침묵이 흐른 뒤, "그러면 여러분의 공부 친구인 순이의 도움을 조금 받을 수 있다면 좋겠는데 받아볼까요?" 하고 물었다.

실은 "더 시간을 주세요. 우리의 힘으로 더 생각해 보겠습니다." 하는 반응을 기대하고 하는 말이었는데, 실망스럽게도 거부하는 반응이 없었다.

힌트를 제공할 필요성을 느껴 "순이의 도움말을 들어 봅시다."라고 말하고 다음과 같이 판서하였다.

ⓐ 5÷2=2 ・・・ 1
ⓑ 5÷2=2.5

"ⓐ의 답 2・・・1과 ⓑ의 답 2.5는 어떻게 다른가 생각해 봅시다. 그리고 간단하게 메모지에 적읍시다." 하고 지시하였다.

잠시 후 "그러면 신호(종)가 울릴 때까지 분단별로 이야기 나눕시다."라고 지시하였다.

그런 뒤에 각 분단에 한 사람씩 발표케 한 바, 'ⓐ는

2갑절하고 나머지가 1이라는 뜻이며, ⓑ는 2.5갑절이라는 뜻'이라는 응답을 하였다.

"그러면 $5\frac{1}{5}$과 $5\frac{2}{5}$에서 $\frac{1}{5}$과 $\frac{2}{5}$는 각각 어떤 뜻을 가진 수일까요?" 하고 물었다.

어린이들의 "아! 알았다!"는 기쁨의 환성이 여기저기에서 울렸다.

'$\frac{1}{5}$은 나머지고, $\frac{1}{2}$은 $\frac{1}{2}$갑절'이라는 뜻임을 알아차린 것이었다.

3) 부실한 근거로 결론을 내리려 할 때

안이하거나 부실한 근거로 서둘러 결론을 내리려 할 때 '순이'로 하여금 반론을 제기케 하여, 재고하지 않을 수 없도록 하는 것이다.

추구할 여지가 있거나, 아직 미숙함에도 불구하고 서둘러 결론을 내리려 하거나, 이해가 되지 못한 어린이들이 있거나, 결론이 내려졌을 때 그로 인하여 야기되는 일에 대한 논의가 부실한 경우 등에 '순이'

를 등장시켜 재고하지 않을 수 없게 하는 것이다.

필자가 모 읍 소재지 초등학교에서 공개한 바 있는 수학과 수업에서 예를 들어보기로 한다.

수학과 4-가 셋째 단원 '각도', '삼각형의 세 각의 크기의 합을 알아보자.'를 다루는 수업이다.

수업의 시작과 함께 하나의 각을 제시하여 그 크기를 측정하도록 지시하였다.

각도의 크기를 정확하게 측정할 수 있을 때 바로 본시 학습이 성립될 수 있으므로 그 실태를 파악하기 위해서였는데 다행히도 주어진 각의 크기를 전 어린이가 정확하게 측정해 냈었다.

이어서 A4 용지의 절반 용지를 한 장씩 배부하여 다음과 같이 지시하였다.

"삼각형 그리기 시합을 하겠다. ① 삼각형을 그려서 ② 세 각의 크기를 측정하여 ③ 합한 수가 가장 큰 삼각형을 그린 사람에게 상을 주기로 한다. (상은 어린이 수만큼의 학습장을 포장하여 놓았기 때문에 어린이들은 그것이 무엇인지 모른다. 수업을 끝내고 각자에게 한 권씩 주려고 준비한 것이었다.) ④ 삼각형을 배부한 용지에 가득 찰 정도로 되도록 크게 그린다. ⑤ 특히 선을 그릴 때 자가 움직이지 않도록 자를 꼭 누르며 ⑥ 연필 끝을 날카롭게 하여 그리자. ⑦ 세 각의 크기를 더하는 식과 답을 내는 작업이 끝나면 정확하게 되었는지 각의 크기 측정부터 다시 해보자."라고 일일이 확인 지시하였다.

어린이들은 그리기에 따라서 세 각의 크기의 합이 다르게 나오는 줄 알고 그리는 방법을 여러모로 궁리하였다.

그렸다 지웠다를 거듭하며 전원이 집중하여 작업하였다.

"작업이 끝난 사람은 칠판에 붙여진 각자의 이름표 옆에다 합하여 나온 답만을 쓰세요." 하고 지시하였다. (이 학급의 어린이 각자의 이름이 쓰여 있는 이름표가 있기에, 담임교사에게 부탁하여 출석 번호 순으로 칠판 좌측 절반에다 사전에 붙여 놓았었다.)

작업을 끝낸 차례로 어린이들이 나와 측정 결과를 기록하였다.

전원이 기록을 마친 뒤에 크기별로 분포 상황을 확

인하여 본바, 198도 1명, 196~181도 3명, 180도 26명, 179도 1명이었다.

분포 상황을 발표한 필자는 198도짜리를 그린 어린이를 불러내어 "용케도 제일 큰 삼각형을 그려 1등을 했구나!"라고 칭찬하며 상을 주려고 하였다.

그때 "선생님, 진짜 그러한지 재 봐야 합니다!" 하는 요구가 여기저기에서 나왔다.

"과연 그래야 되겠구나!"라고 시치미를 떼고 그림을 가져오도록 지시하였다.

198도라는 삼각형이 그려진 그림을 칠판에 붙여놓고, 희망하는 두 어린이를 지명하여 측정해 보도록 하였다.

두 어린이가 전후하여 측정한 결과는 180도이었다.

"측정을 잘못 했었구나. 그러면 그 다음으로 196도짜리가 제일 크니 나와서 상을 받아요." 하고 지시하자 이번에도 많은 어린이들이 "재 봐야 됩니다!" 하고 요구하였다.

"과연 그렇구나! 그럼 또 측정해 보자."라고 말하고 아까와 같이 희망하는 두 어린이에게 측정해 보도록 한 결과 아까와 같이 180도였다.

그러자 어떤 어린이 하나가 말하였다.

"선생님, 삼각형의 세 각의 크기의 합은 어떤 삼각형이나 모두 180도예요!"라고 발표하여, 몇 어린이가 "그렇습니다." 하고 동의하였다.

"아까 180도라고 말한 어린이들은 그 많은 삼각형을 다 재 보았습니까?" 하고 다그쳤다.

"그러지는 않았지만… 분명 모두 180도 입니다."라고 주장한다.

"다 재보지 않은 이상 믿을 수 없습니다. 그러니 다음 것도 재 봅시다."라고 말하고 190도, 181도, 180도(180도짜리는 하나만), 179도짜리의 삼각형을 아까와 같은 요령으로 측정하였다.

모두 180도로 판명되자, "그것 보세요. 삼각형은 모두 180도예요."라고 더 당당히 주장한다.

마치 '선생님은 그것조차 모르십니까?'라고나 말하듯이.

어린이들은 간단히 '모든 삼각형의 세 각의 합은 180도이다.'라는 결론을 내리고 있었다.

앞에서 말한 '안이하거나 부실한 근거로 서둘러 결론을 내리려 할 때'란 바로 이런 때이다.

위와 같은 결론으로써 '제대로 알았다.'라고 하기 어렵다.

추구해야 할 여지가 있기 때문이다.

이때야말로 "순이"가 등장해야 할 때이다.

"여러분은 겨우 하나씩의 삼각형을 그려 보고, 마치 세상에 있는 모든 삼각형들을 모두 측정해 본 것처럼 180도라고 말하는데, 여러분의 공부 친구인 순이는 그렇게 생각하고 있질 않습니다. 그보다 더 큰 삼각형도 있다는 주장을 하고 있습니다." (삼각형이 그려진 그림을 나누어 주며) "이것은 순이가 그린 삼각형입니다. 이 삼각형의 세 각을 재어 보세요. 몇 도인지." 하고 지시하였다.

그것을 받은 어린이들은 모두 진지한 표정으로 각도기를 움직이고 계산을 하곤 하였다.

순이가 그렸다는 삼각형은 세 번이 얼른 봐서는 식별하기 어려운 정도의 살짝 곡선으로 된 도형인 것이었다.

어린이들은 "아! 200도다", "195도다", "198도다" 등등 저마다 측정 결과를 말한다.

"180도인 사람은 손 들어 보세요." 지시하였지만 거수자는 하나도 없었다.

"그것 보세요. 삼각형의 세 각의 합은 180도뿐은 아니지요!"

이 말이 끝나자 "선생님, 이것은 삼각형이 아닙니다." 하는 항변이라고 해야 옳을 강한 발언이 있었다.

"이것이 삼각형이 아니라고? 삼각형이란 각이 셋, 변이 셋이어야 하는데 네 눈엔 네 개로나 보이느냐?"

교사(필자)는 일부러 도전적인 빠른 톤으로 말하였다.

많은 어린이들이 동요하고 있음을 감지할 수 있었다.

"각이 세 개인가가 문제가 아니라, 이 도형의 밑변은 직선이 아니라, 곡선입니다. 삼각형의 세 변은 모두 직선이어야 합니다."

대부분의 어린이들이 그때에야 알아차린 듯 "그렇습니다. 직선이 아니라 조금 굽어 있습니다." 하고 동조하였다.

"다른 사람도 순이의 삼각형처럼 각 변이 직선인지

곡선인지 확인하여 봅시다."라고 지시하였다.

모든 어린이들에 의하여 밑변이 직선이 아니라 곡선임이 확인되고 따라서 삼각형이 아니라고 확인 되었다.

"하마터면 큰일 날 뻔 하였습니다. 그러면 모두 진짜 삼각형을 하나씩을 정확하게 그려서 다시 한 번 몇 도인지 알아봅시다. 정말 180도인가 확인해 봅시다."라고 지시하였다.

모두 작업에 열중하고, 예외 없이 180도임을 확인하였다.

"순이의 속임수에 속아 넘어가지 않았던 여러분의 관찰력은 훌륭하였습니다. 그렇지만 순이 덕택으로 우리는 모든 삼각형의 세 각의 합은 180도라는 사실을 확인할 수 있었습니다."라고 칭찬하였다.

이후의 수업에 대하여는 생략하지만, 하여간에 안이하게 또는 근거가 불확실한 채 결론을 서둘러 내리려 할 때, '순이'로 하여금 그것을 부정하는 논리를 펴게 하여, 다시 원점에서부터 검토하고 사고하도록 함으로써 생산적인 수업을 조직할 수 있다고 생각한다.

XII

'일부의 우수한 어린이들'만이 참가하는 수업에서 '전원'이 참가하는 수업에로의 꿈의 실현

1. 현행 수업의 문제점의 하나

수업을 참관하여 보면 교사들은 되도록 다수의 어린이들에게 발표의 기회를 주기 위하여, 많은 노력을 기울이고 있음을 볼 수 있다.

곧 '되도록 많은 어린이들의 다양한 생각이 발표되어야 한다.', '각자가 발언의 기회를 되도록 많이 가져야 한다.'는 염원으로 그렇게 하려고 노력하고 있음을 알 수 있다.

그러나 이와 같은 교사의 노력이나 소망에도 불구하고, 한 시간 동안 발표한 어린이들은 그 일부에 편중되는 것이 일반적 현실이다.

이런 발표의 편중 현상의 요인이 어디에 있든지 간에, 어린이들 각자가 자신의 생각을 발표하는 기회를 고루 많이 갖는 일이 바람직한 일이라면, 위와 같은 발표의 편중 현상은 현행 수업의 큰 문제점의 하나가 아닐 수 없다.

그 일이 큰 문제가 되는 것은 그것이 무엇보다도, 학습 부진아를 많이 낳는 중요한 요인이 되고 있기 때문이다.

2. 일부의 어린이들에게만 성립되고 있는 학습

위와 같이 발표의 기회가 일부의 어린이들에게 편중되는 요인은 발표라 하면 흔히 '소리 내어 말하는 이른바 음성 언어에 의한 발표'라고 생각하고 있는, 발표에 대한 하나의 편견이 그 주요 요인이라고 필자는 생각하고 있다.

발표를 음성으로 하는 일로 생각할 경우, 두 가지

이유로 위와 같이 편중되지 않을 수 없다.

첫째, 교사의 발문이 떨어지기가 바쁘게 지적 순발력이 우수한 일부의 어린이들이 거수하고, 그중에서 지명받은 어린이가 발표하는 그런 방법으로 이루어지는 수업하에서는 우수한 일부 어린이들에게로 발표의 기회가 편중되지 않을 수 없다.

유감스럽게도 이런 체제의 수업이 일반적인 것이 우리의 현실이다.

아시는 바이지만, 어린이들 가운데는 던져진 발문에 대하여 즉각적으로 응답할 수 있는 이른바 지적 순발력이 좋은 어린이들이 있는가 하면, 그러하지 못한 어린이들이 있다.

다시 말하면, 그 소요 시간에 개인차가 있는 것이다.

이 응답의 소요 시간의 개인차에 대한 배려가 없는 수업하에서는 우수아들에게 발표의 기회가 편중됨을 피할 길이 없다.

둘째, 20여 명의 학급의 경우 40분이라는 제한된 시간 안에서 전원이 발표하기는 누가 하더라도 어려운 일이 아닐 수 없다.

되풀이되지만, 어린이 전원이 발표할 수 있는 능력을 가졌다 하더라도, 음성으로만 할 경우 20여 명의 학급에서는 시간의 제한으로 일부 어린이에게로 발표의 기회가 제한되지 않을 수 없다.

요컨대 오늘날 일반적으로 발표가 일부 어린이들에게 편중되는 요인은 제한된 시간 내에, 음성으로 하는 관습에 따라 그러한 결과를 낳고 있는 것으로 생각한다.

3. 전원으로 하여금 동시에 발표케 하는 기술

사람은 각자의 생각이나 감정을 여러 가지 방법으로 발표하고 있다.

여기에 그 방법 하나를 제안하고자 하는바, 다음이 그것이다.

그것은 멀리 있지 아니하고 가까운 곳에 있다.

수업 중에 이루어지는 음성으로 하는 발표는 그 나름대로 편리한 방법이지만 시간 관계로 다수의 어린이들을 대상으로는 하기 어려운 결점이 있다.

이러므로 그것을 구두 발표의 방법으로만 한정할 것이 아니라, 발표하고자 하는 내용을 기록함으로써 발표하는 이른바 기록 발표가 그것이다.

이것을 필자는 '기록 발표'라고 부르고 있는 바, 이 기록 발표 방법이 바로 전원으로 하여금 동시에 발표케 할 수 있는 우수한 발표 방법의 하나이며, 다음과 같은 메리트를 가지고 있다.

첫째, 기록하는 일은 사고하는 일이다.

누구나 경험하고 있는 바지만, 기록하고 있는 가운데 생각이 다듬어지고 깊어짐을 알 수 있다.

그래서 기록하는 일=사고하는 일이라고 말하고 있는 것이다.

둘째, 기록하는 일은 자기 나름의 생각을 남이 알 수 있도록 객관화하는 일이다.

음성으로 발언하는 일만이 발표가 아니라, 곧 기록하는 일 또한 발표하는 일이다.

셋째, 기록하는 일은 전원이 동시에 각자의 생각을 기록하게 되므로, 전원이 동시에 각자의 생각을 발표하게 되는 것이다.

넷째, 기록하는 일은 자기 나름의 생각을 해 내는데 소요되는 시간의 개인차에 대응할 수 있어, 각자로 하여금 깊게 사고할 수 있게 한다.

음성으로 응답할 경우 바로 하지 않으면 아니 되므로, 이모저모로 생각하기 어렵지만. 기록으로 응답하게 되면 생각함에 필요한 최소한의 시간이 주어지므로 사고하여 응답(기록)할 수 있다.

다섯째, 각자가 기록하였는가의 여부를 확인하기 쉽다.

내용의 정오가 아니라, 기록 발표하라는 지시대로 기록하였는가의 여부를 짝꿍끼리 확인하도록 하여, 둘이서 제대로 하였을 경우는 함께 거수하고, 교사의 OK사인을 받도록 하면 되는 일이다.

위와 같이 기록 발표는 반응의 속도차를 해결하고, 무엇보다도 어린이 수의 다소에 불구하고, 전원을 참가케 할 수 있는 기술인 것이다.

4. 기록 발표 지도상의 유의점

기록 발표 지도를 함에 즈음하여 유의할 점이 몇 가지 있다.

첫째는 어린이 전원으로 하여금 똑같은 문제의식을 갖게 하는 일이다.

기록 발표의 경우뿐만은 아니지만, 전원이 집중적·생산적인 사고를 해내기 위해서는 어린이 전원이 똑같은 문제의식을 가져야 한다.

사람은 문제의식을 가졌을 때 사고하게 되며, 전원이 똑같은 문제의식을 가졌을 때 전원이 똑같이 집중적으로 사고하고, 우수한 생각을 창출할 수 있다.

둘째는 생각하는 시간과 생각한 바를 표현하는 글자의 수를 제한하는 일이다.

사람은 어떤 제한을 받지 않는 경우에는 긴장하지 않지만, 반대로 어떤 제한을 받으면 긴장하여 제한 내에서 당면한 문제를 해결하기 위하여 노력하게 된다.

따라서 문제에 따라 B군 어린이들이 필요로 하는 최소한의 시간을 제시하여 준다. 예컨대 '이 문제를 1분간 생각하시오.'와 같이 시간을 제한해 주는 것이다. 문제에 따라 신간을 조정해야 함은 말할 것도 없다.

시간을 제한할 뿐 아니라, 생각한 바를 표현하는(기록하는) 글자 수를 제한하여 준다.

이럴 때 시간이나 글자 수는 교사가 사전에 시도하여 보고 결정하여야 함은 말할 것도 없다.

이시영 박사에 의하면 인간은 어떤 제한을 받았을 때, 지적으로 집중적으로 뇌가 제대로 일을 할 수 있다고 한다.

셋째는 제시하는 문제의 크기와 난이도에 유의하여야 한다.

큰 문제를 하나 줄 것이 아니라 그것을 몇 개의 작은 문제로 나누어 제시하여야 하며, 지나치게 쉽거나 어려운 문제가 아니라 성공과 실패의 확률이 50%인 경우, 곧 곧바로 해결되는 것도 아니지만, 그렇다고 해결 못 할 것도 없다고 생각되는 문제를 제시하여야 한다.

사람은 그런 문제에 조우하였을 때 도전 의욕이 내발되기 때문이다.

넷째는 기록 내용, 곧 문제에 대한 각자의 자기 나름의 생각은 결코 '정답' 그것이 아니고 말 그대로 각자의 '자기 나름의 생각'이어야 한다는 것이다.

이 일에 대해서는 앞에서 이미 상세히 논의하였으므로 더 이상의 언급을 할 필요가 없지만 정답주의의 뿌리가 워낙 깊기 때문에 다시 한번 주의를 촉구하고 싶다.

참고문헌

- 外山滋比古, 「考える頭」のつくり方, PHP文庫, 2018.
- 向山洋一, どんな子だって勉強選できる子になれる, PHP文庫, 2006.
- 渡辺茂, 頭脳がよくなる!, 知的生きかた文庫, 1984.
- 河合隼雄, 小学生にお受業, 小学館文庫, 1998.
- 品川嘉也, 考える技術, PHP文重, 1994.
- 霜田靜志, 精神分析不らみた児童童の心理, 1994.
- 西村克己, 論理思考の教科書, PHP文庫, 2017.
- 茂木健一郎, 感動する脳, 河出文庫, 2009.
- 渡辺茂, 頭がよくなる, 三笠書房, 1984.
- 齋藤孝, すごい「考える力」, 三笠書房, 2003.
- 新牧賢三郎, やる気を引き出す技術, 授業技術文庫, 1990.
- 七田眞, 「できる」の親がしている70の習慣, PHP文庫, 2010.
- 川島隆太, 自分の脳を自分で育てる, くもん出版, 2001.
- 多賀一郎, 風語問つくりのルール, 明治図書, 2012.
- 정철희, 교사의 독서, 서울: 뉴머니스트, 2020.
- 마이클 혼·헤더 스테이커, 블렌디드(학교 교육의 효과를 극대화하는 온·오프라인의 결합), 에듀니티, 2017.

저자약력

한형식

경력

- 1930 전남 순천시 생
- 1951 광주사범학교 졸업
- 1972 광주교육대학 졸업
- 1985, 1990 일본 쓰꾸바대학 부속소학교 수업기술연수 과정 수료
- 1996 초등학교 교장 정년 퇴임
- 1996 한국 열린교육협의회 부설 열린교육연구소 소장
- 2000 송광수업기술연구소 개설
- 2001 광주교육대학교 교육학과 강사
- 2002 수업기술 공유재산화 운동 주재(현재)
- 2025 송광수업기술연구소 소장(현재)

저서

- 국민학교 어린이의 생활 및 학습 방법의 길잡이, 탐구출판, 1981.
- 뒤떨어지기 쉬운 어린이도 제대로 학습할 수 있는 수업-학습 방략, 탐구출판, 1985.
- 전원 참가 수업기술의 모색, 탐구출판, 1987.

- 수업기술의 정석 모색, 교육과학사, 1994.
- 수업 개혁, 교육과학사, 1998.
- 수업 사례로 배우는 수업기술의 법칙, 즐거운 학교, 2009.
- 모두가 참가하는 수업에는 법칙이 있다, 즐거운 학교, 2015.
- 매개적 수업기술(공저), 교육과학사, 1993.
- 열린교육의 이해(공저), 양서원, 1994.
- 발문 기술, 바른북스, 2022

번역서

- 노구찌 요시히로, 수업으로 단련한다, 교육과학사, 1998.
- 아리다 가스마사, 새로운 학습지도 어떻게 할까?, 아름다운 세상, 2002.
- 무코야마 요이치, 어린이가 열중하는 수업에는 법칙이 있다, 즐거운 학교, 2009.
- 노구찌 요시히로, 전원의 학력을 보장하는 수업, 아름다운 세상, 2010.
- 무코야마 요이치, 아이들이 하는 수업에는 법칙이 있다, 즐거운 학교, 2012.
- 무코야마 요이치, 교육기술 입문, 즐거운 학교, 2013.

☎ 010-6279-8697 FAX 062-374-8697

➡ 광주광역시 서구 화운로 175번길 15, 104동 601호 (화정동, 현대APT)

전원이 스스로 참가-사고-성취하는

수업의 방법-기술

2025년 8월 25일 1판 1쇄 인쇄
2025년 8월 30일 1판 1쇄 발행

저 자 : 한 형 식
발행자 : 한 정 주
발행처 : 교육과학사

경기도 파주시 광인사길 71
전화(031)955-6956~8/팩스(031)955-6037
Home-page : www.kyoyookbook.co.kr
E-mail : kyoyookbook@daum.net
등록 : 1970년 5월 18일 제2-73호

낙장·파본은 교환해 드립니다. 정가 **18,000 원**
Printed in Korea. ISBN 978-89-254-1928-2